LA MEMORIA DEL TIEMPO

JOSÉ ABREU FELIPPE

LA MEMORIA DEL TIEMPO

(artículos, presentaciones,
conferencias y entrevistas)

© José Abreu Felippe, 2022
© De esta edición: Editorial El ateje, 2022
Primera edición: febrero 2022, Miami, Estados Unidos

Email: editorialelateje@gmail.com

ISBN: 9798411708417

Imagen de portada: *Incensario de mi madre*. De la serie *Objetos de mi madre*. Foto JAF
Foto del autor en la contraportada: © Luis de la Paz

Todos los derechos reservados. Esta publicación no puede ser reproducida, distribuida o transmitida en ningún formato impreso o digital, sin la autorización previa y por escrito del autor, editor o herederos. Se excluyen citas para referencias en artículos periodísticos, revistas y textos especializados.

La memoria del tiempo en contexto

Un escritor va dejando una huella a lo largo de su vida, fundamentalmente a través de lo más perdurable, su obra. Luego la cotidianidad del trabajo, cierto interés que despierta en los lectores y críticos, allanan el camino para conferencias y presentaciones en eventos públicos. En cierto momento aparecen aquellos investigadores quienes desean conocer algún aspecto de su trayectoria y surgen entrevistas, que en ocasiones resultan esenciales para entender a fondo la obra del escritor. Todas estas incursiones paralelas a la escritura (o por qué no, también parte de ella), constituye el centro de *La memoria del tiempo*, de José Abreu Felippe, una recopilación de sus artículos, conferencias, opiniones y entrevistas. Siempre queda la pregunta, por qué estas y no otras. Más allá de cualquier posible consideración, basta decir que son las reunidas en este libro las que el autor ha deseado preservar.

La memoria del tiempo es de esos libros semilla, es decir, donde se asientan las raíces fundacionales de toda la cosmovisión que gira alrededor del trabajo del escritor. Muchas veces Abreu Felippe se ha referido a "claves" que están dispersas en su obra, algunas de ellas se repiten en su poesía, narrativa, y hasta en su teatro. En este volumen podrían hallarse algunas respuestas esclarecedoras.

En la primera de las cuatro secciones de *La memoria del tiempo*, por demás la más abarcadora, Abreu Felippe entrega una veintena de artículos de opinión muy eclécticos. Abre con *All You Need Is Love*, un trabajo a propósito de la estatua dedicada a John Lennon en un parque de La Habana, que conecta con recuerdos personales de su juventud. Le siguen textos sobre el célebre Pedro Aretino y el enigmático Henry Darger, el cual dejó decenas de miles de páginas manuscritas, dibujos, pinturas.

Abreu Felippe se ocupa de rarezas y como casi siempre ocurre a lo largo de toda su obra (en cualquiera de sus vertientes) por lo general se entretejen con su propio mundo interior. Analiza con ojo crítico y preocupante las actualizaciones de la RAE. Escribe sobre sus amigos Carlos Victoria y Reinaldo Arenas. Incursiona en el escritor polaco Witold Gombrowicz, expone las impresiones que le causó visitar por primera vez el Zócalo de México y en otro momento brinda un análisis sobre la generación a la que pertenecer. Luego se aproxima al mundo de su padre, en un trabajo a propósito del Día de los Padres, en el que evoca al suyo. En la misma sección se ocupa de la intelectualidad con *Retrato del artista sumiso* y *¿Apuesta fuerte?*, este último artículo le valió inexplicables ataques, de algunas de las mismas personas que defendía en su texto.

En otra sección de libro hace una exposición sobre su pentalogía *El olvido y la calma*, eje central de toda su obra, seguida de varios textos que giran alrededor de su propia obra, deteniéndose en libros específicos. Además, reproduce presentaciones que hizo de escritores como Armando de Armas, Joaquín Gálvez, Juan Francisco Pulido, Juan Cueto y Daniel Fernández, entre otros.

Los periodistas y escritores que entrevistan a José Abreu Felippe: Armando de Armas, Denis Fortún, Ernesto García, Jesús Hernández, Nedda G. de Anhalt, Lilliam Moro, Enrique del Risco y Carlos Lechuga, contribuyen con sus atinadas preguntas no solo a identificar las constantes literarias del autor, sino también a trazar el retrato de un escritor febril y fértil, quien ha logrado con *La memoria del tiempo*, colocar ante el público una pieza poderosa, que muestra otras facetas de un mismo rostro dedicado por entero a la literatura.

Luis de la Paz
Miami, enero del 2022

ARTÍCULOS

ALL YOU NEED IS LOVE

(a propósito de la estatua de John Lennon en La Habana)

Como a las cinco de la tarde del 22 de agosto de 1968 salí muy contento para El Vedado. Por abajo, llevaba un pantalón de mecánico que mi madre había virado al revés para que pareciera mezclilla, superestrechísimo, tanto, que era un desafío lo mismo ponérselo que quitárselo. Por arriba, mi camisa azul de mangas largas, cerrada hasta el botón del cuello, herencia de un tío que pesaba más de 350 libras y que había muerto de una angina de pecho. Era una inmensa y adorada sábana que me llegaba hasta las rodillas y donde cabían, sin conflictos, tres o cuatro como yo. A falta de las inconseguibles sandalias, que hubieran sido lo máximo, ostentaba en mis pies –sin medias–, unos tenis de lona blancos, que no iban del todo mal con el conjunto. La verdad que no estaba muy peludo, porque hacía apenas un par de meses que me habían licenciado del Servicio Militar Obligatorio, pero aspiraba a estarlo muy pronto. Bajo el brazo, la revista de la Universidad de La Habana y también, desde luego, mi último libro de poemas recién mecanografiado, titulado *El estridente acorde.* Menciono el título no por vanidad o alarde memorístico, sino porque sé que por sí solo bastará para tener una idea bastante precisa de la calidad del contenido. Así llegué a Coppelia, compré el Juventud Rebelde y me puse a hojearlo mientras caminaba hasta la librería en los bajos del Habana Libre. Allí me quedé un rato, haciendo tiempo, curioseando las escasas novedades. Poco después volví a Coppelia y cogí una guagua para acercarme a 12 y 23. Era temprano todavía y tenía hambre así que me metí en el TenCent a ver si cazaba en la cafetería uno de los bocaditos de huevo que por entonces eran una total exquisitez. Había quedado con mi amigo Javier en vernos a las ocho para cultivarnos con lo que estuvieran poniendo en la cinemateca y después, como siempre, sentarnos en el muro del malecón a bombardearnos mutuamente con andanadas de poemas de todo tipo. En aquella época competíamos a ver quién escribía más libros semanales.

Marqué detrás de la banqueta menos concurrida –sólo había dos estoicos– y me disponía a seguir hojeando la cartelera del periódico, cuando veo a mi madre que se me acerca sonriente arrastrando de una mano a mi hermana Asela, entonces de nueve años. Estaba contenta mi madre –el día anterior había sido su cumpleaños y venía de casa de mi abuela María, que vivía en 4 entre 23 y 21, con su regalito: un espectacular budín de pan–, y conversamos mientras esperábamos. Una hora más tarde salí, dejándolas ya sentadas. Recuerdo que me alejé sin volver el rostro. No la miré, recuerdo vivamente ese detalle. Simplemente me fui, brinqué la calle y me senté en los escalones de la cinemateca a esperar a mi amigo Javier. Después de todo, pensaba, a las doce a más tardar estaría de vuelta en casa y allí me la encontraría sentada en su sillón, aguardándome. No podía pasarme por la mente lo que ocurriría un par de horas después.

Casi enseguida llegó Javier. Venía matador con una camisa de mangas cortas del rojo más chillón que hubiera visto en mi vida. Era un camisón, enorme, desde luego, que llevaba por dentro, con todos los botones desabrochados como era de rigor, y que le hacía un globo alrededor de la cintura. Por momentos, asomaba el grueso cinturón de cuero de más de una cuarta de ancho con su hebilla plateada. Sus pitusas eran auténticos –con zípers en los bajos, sin los cuales hubiera sido absolutamente imposible empotrárselos–, como auténticos eran sus botines cañeros. El pelo lacio, dorado con agua oxigenada, peinado a lo Príncipe Valiente, encuadraba una sonrisa de oreja a oreja. Me señaló el amenazador cartapacio que portaba bajo el sobaco.

No recuerdo la película que vimos ese día, creo que fue un clásico norteamericano del cine negro. Cuando salimos había un gentío en la puerta; allí siempre uno encontraba amigos y conocidos, y se ponía a conversar.

Oye, me dijo Javier, la gente va para la embajada de Checoslovaquia a protestar por la invasión de los bolos.

Miré hacia todos lados y lo mismo junto a la pizzería, que en La Pelota, que por el MarInit de la esquina, se veían grupos de muchachos, más de lo normal, moviéndose hacia la calle 12. Brincamos 23 de lo más embullados cantando a dúo *All you need is love*, pero no habíamos caminado ni diez metros cuando un escaparate con patas me dio un empujón separándome de mi amigo. ¿Y qué mi socio?, me dijo el traste mientras me mantenía una de sus mandarrias sobre los hombros. Yo intenté zafarme violentamente. Tranquilo, que te conviene. Lo que tienes detrás es un mundo, me dijo sonriendo mientras me comprimía, inmovilizándome. Sentí en la nuca un escalofrío que me bajó por toda la columna vertebral, hasta ahí mismo. Traté de ver qué estaba pasando con Javier pero el yeti me lo impedía. A rastras me llevó por 12 hasta una especie de oscuro portal abandonado y me aplastó contra una pared, dos perros aparecieron de la nada y –uno por cada lado– me levantaron los brazos, fundiéndolos contra el áspero muro. El escaparate empezó a registrarme, metiéndome las pezuñas por todos lados. Si no hubiese sido porque temblaba de arriba abajo, seguro me hubiera dado cosquillas. Soy –o era– muy cosquilloso. No podía gritar ni quejarme porque no me salía voz. Enseguida un auto parqueó estrepitosamente frente a nosotros y a empujones me sentaron en el asiento de atrás entre los dos perros amaestrados. El escaparate, estilo imperio, se acomodó delante, junto al chofer.

Pregunté qué pasaba y para dónde me llevaban. Los que estaban a mi lado por respuesta comenzaron a interrogarme, qué yo hacía, si estudiaba o trabajaba. Dije que me había acabado de desmovilizar del ejército y que estudiaba en el Pre de la Víbora. ¿Y tú conoces la historia de los mártires del Pre de la Víbora? me preguntó el cromañón. Se hizo un silencio largo. Después agregó: pues la vas a aprender en Villa Marista, que para allá vamos.

Entramos por uno de los portones. El movimiento de carros y muchachos era alucinante. Todo había que hacerlo corriendo, como si hubiera un fuego o una alarma general de combate. Así me sacaron del carro, halándome por el cuello de la camisa. Los rostros y los cuerpos pasaban en tropel a mi lado. Yo, cada vez más aterrorizado, no atinaba a nada. Apenas distinguía como golpes de sombras y luces sobre mi cara. De pronto me pararon frente a un mostrador, había muchachos sentados en unas sillas y esbirros uniformados y de civil que entraban y salían conduciendo más pepillos. Uno de los uniformados que estaba del otro lado del mostrador me ordenó que vaciara mis bolsillos y me quitara el cinto. Lo hice lo más rápido que pude. Después me mandaron a desnudar completamente y tuve que sentarme en el suelo para poder sacarme el pantalón. Dos perros a mi lado revisaron minuciosamente toda la ropa, incluidos el calzoncillo, y el interior de mis tenis de lona. Me sentía ridículo, de pie, desnudo, la ropa a un lado, la gente pasando, mientras el perro uniformado llenaba unas tarjetas con mis datos. Yo miraba la carpeta con mis problemáticos –aunque horrendos– poemas debajo de la revista de la universidad y el periódico, junto al cinto, la cartera, algunas monedas sueltas, mis cigarros, los fósforos Chispa, un bolígrafo y la llave de la casa. No me mandaron a vestir hasta que no terminaron con el papeleo. Todas mis pertenencias las metieron en un sobre manila.

Otro de los perros uniformados me condujo por un corredor, dándome gritos de que me apurara y que no mirara hacia los lados, hasta un salón lleno de extrañas miniceldas. No sé bien cómo describir aquello. Eran varios pasillos mínimos llenos de estrechos cubículos separados por planchas de concreto. No tenían puertas y entre plancha y plancha había una transversal que servía más o menos de asiento. Digo más o menos porque la plancha transversal era muy lisa y tenía una inclinación que obligaba a mantener las piernas firmes para no deslizarse hasta el suelo. Las planchas laterales y la del fondo estaban recubiertas de un corrugado de cemento al que era imposible recostarse porque hincaba como si tuviera clavos. En cada pasillo un esbirro se paseaba a lo largo golpeando las paredes y advirtiéndonos que no podíamos ni hablar ni cerrar los ojos. Me habían quitado el reloj y no sabía qué hora era. Un muchacho empezó a llamar al guardia, quiero ir al baño, gritaba. Casi de inmediato, escuché un ruido espantoso en lo que creí sería la celda de al lado. Eran golpes secos, casi rítmicos. Enseguida vino el guardia. Date más duro que todavía no te has sacado sangre, dijo. Aprovechando que estaba cerca grité que quería ir al baño. No me hizo caso y volví a gritar. Entonces vi las botas y levanté la cabeza. Camina rápido y con la vista al frente, berreó. Me levanté y fui pasando la hilera de casetas, todas estaban ocupadas por muchachos que me miraban nerviosos. Javier no estaba entre ellos. Al final del pasillo había una poceta con un grifo. Orina ahí, gritó el perro. Sin pedir permiso, abrí la pila, tomé agua y después intenté orinar. El guardia observaba todos mis movimientos y constantemente me gritaba que no levantara la cabeza. Tuve que concentrarme para poder orinar.

Cuando me llamaron por primera vez, después de conducirme al trote por un laberinto de corredores, me dejaron solo en una oficina vacía. Me quedé de pie frente a un buró sin saber qué hacer. Sólo pensaba en mi madre, en por qué no volví el rostro cuando salía del TenCent y en que, seguramente, estaría preocupada ya por mi tardanza. De pronto se abrió una puerta que yo no había visto y entró un oficial. El uniforme era de un verde distinto, más brillante, y con muchos bolsillos con zípers. Estuvo un rato sin hablar revisando un folder lleno de papeles. Empezó preguntándome cómo se llamaba la banda a la que pertenecía, aclarándome que ya mi amigo había hablado y que era mejor que le dijera toda la verdad. Enumeró un montón de nombres comiquísimos, que en mi vida había oído. Creo que me sonreí con alguno, porque la bestia montó en cólera y se puso a dar trompadas sobre el buró hasta que entraron dos guardias que me sacaron a empellones y me regresaron a mi minicelda, por otro camino más intrincado aún que el anterior. La operación se repitió muchas veces, a un ritmo enloquecido. Lo mismo pasaba un tiempo interminable entre uno y otro interrogatorio, que no habían acabado de depositarme en mi cubículo y ya me estaban recogiendo de nuevo. En el camino, si de pronto se escuchaba un silbato, me lanzaban contra la pared hasta que pasaba la troika con algún detenido. Al parecer, no querían que nos viéramos. No siempre era el mismo oficial, se turnaban para descansar, comer o para dormir. Uno me dijo que yo era uno de los cabecillas de una "banda de hippies" llamada "Los chicos de la flor" y quería que detallara las actividades contrarrevolucionarias de la misma. Se me caía la lengua diciéndole que yo no pertenecía a ninguna banda, que vestía así porque era la moda. Eso lo ponía peor y enfurecido despotricaba contra la "música yanqui" –todo lo que sonora en inglés empezando por los Beatles que, desde luego, estaban en la clandestinidad–, que era "diversionismo ideológico y blandenguería burguesa".

En una de las llamadas me hicieron llenar una hoja de arriba abajo con mi firma. Sólo al final me hablaron de la manifestación frente a la embajada de Checoslovaquia. Querían saberlo todo, pero yo no sabía nada, tenía los nervios destrozados y estaba que me caía de hambre y sueño. Prometí que en cuanto llegara a mi casa quemaría en el patio aquella ropa maldita.

Cuando estaba en la jaula pensaba en mi casa, en mi madre, tenía mucho miedo y no sabía qué iba a pasar. Repasaba mentalmente todos los poemas de mi libro incautado, inventando justificaciones para los más problemáticos, aunque en aquella época estaba en una onda entre sicodélica y experimental nada fácil. La mayoría de las veces ni siquiera el título orientaba sobre el contenido o significado del poema. En los mejores copiaba al Vallejo de *Trilce* o al Huidobro de *Altazor* sin el menor recato. No obstante, me preocupaba que tuvieran mi libro. Repartieron bandejas grasosas con una bola de espaguetis hervidos. Alguien protestó y lo desaparecieron. Constantemente nos amenazaban diciéndonos que no habíamos visto nada aún.

No sé a los cuántos días nos ordenaron que saliéramos de las celdas y nos acostáramos en el piso. En susurros nos preguntábamos unos a otros sobre el lugar de la detención y otros detalles relacionados. Todo indicaba que la recogida esta vez había sido en grande. Circulaba una colilla de cigarro. La luz no se apagó nunca. Me quedé dormido sobre el cemento.

Al final nos fueron llamando en pequeños grupos para un salón. Allí un esbirro nos amenazó por última vez. Ya todos ustedes están fichados, la próxima van directo para una granja en Camagüey por cuatro años. Era ya "la peligrosidad" mucho antes de que la inventaran. Nos fueron montando en los carros y repartiendo por toda La Habana. Yo tuve suerte, pues me dejaron en la Avenida de Acosta, relativamente cerca de mi casa. Era de noche pero no sabía qué día de la semana ni cuántos llevaba desaparecido para mi familia. Después me enteré que mi madre había visitado las estaciones de policía, los hospitales, la morgue. Y que cuando salió en Juventud Rebelde la noticia de la enorme recogida que se había realizado en La Habana fue a buscarme a Villa Marista. Le dijeron que yo no estaba allí. También me enteré del espeluznante discurso televisivo del 23 de agosto justificando la invasión.

A Javier no lo volví a ver. Ahora estaba en la calle, llevaba bajo el brazo mi libro de poemas, la revista de la Universidad de La Habana y el periódico del día que me secuestraron. Todavía sentía un sudor frío recordando los minutos finales, cuando el esbirro, del otro lado del mostrador, abrió el sobre manila y brevemente hojeó mi libro de poemas, antes de entregarme mis pertenencias. Los imbéciles nunca se dieron cuenta de lo que tuvieron en la mano. Ahora estaba libre, deseoso de llegar a mi casa. La noche era linda y abigarrada de luces; al menos, así se me antojó. Iba casi contento, casi sal tando, pensando en lo difícil que sería conseguir un par de zípers para los bajos del pantalón y tarareando, entre dientes, *All you need is love.*

2 de agosto 2010

EL AZOTE DE PRÍNCIPES

En los ambientes literarios marginales de La Habana de los 70 circulaba una lista, según Reinaldo Arenas confeccionada por el mismísimo Lezama Lima, con las "cien obras imprescindibles de la literatura universal" de forzada y reglamentada lectura. Allí, desde luego, figuraban –por mencionar algunas– *La Comedia Humana* (Balzac), *En busca del tiempo perdido* (Proust), *Gargantúa y Pantagruel* (Rabelais), *El Quijote* y *Los trabajos de Persiles y Segismunda* (Cervantes), *La montaña mágica* (Mann), *Crimen y castigo* (Dostoievski), *El Hiperión* (Hörderlin), *Viaje a la luna e Historia cómica de los estados e imperios del sol* (Cyrano de Bergerac), *El Rubaiyat* (Khayyam), *El asno de oro* (Apuleyo) y *el Satiricón* de Petronio. También *El Cantar de Roldán*, el *Amadís de Gaula*, *Tirante el Blanco*, el *Gilgamesh*, junto a obras de reconocidos clásicos de todos los puntos del planeta y de los grandes malditos. Recuerdo, especialmente, a Perse (*Lluvias*), que leíamos en la bellísima traducción de Lezama; a Eliot (*La tierra baldía*); Rimbaud (*Las iluminaciones* y *Una temporada en el infierno*); Rilke (*Elegías de Duino*); Lautréamont (*Cantos de Maldoror*) y raros anónimos como los *Cantos de Caravana* y *El espejo mágico*. O exóticos, como los *Cuentos de lluvia y de luna* de Ueda Akinari; y un autor, y es de él de quien deseo divagar un poco hoy, que para mí fue todo un descubrimiento, un tal Pedro Aretino con sus "diálogos putescos".

Muchos de esos libros, en esa época, no eran demasiado difíciles de conseguir, si no estaban por un lado, aparecían por otro. Recuerdo que visitábamos insólitas bibliotecas públicas porque algún amigo nos había comentado que allí existía un ejemplar de, por ejemplo, *A la sombra de las muchachas en flor* de Proust, en la edición de Alianza Editorial. A veces tuve la suerte de tropezarme con algún tesoro en Cuba Científica o El Canelo, las dos librerías más famosas de libros de uso, o viejos, como se decía. *El enamorado de la osa mayor* de Sergiusz Piasecki, fue uno de ellos, que no estaba en la famosa lista o *El negrero* de Lino Novás Calvo, que sí figuraba.

Gracias a mi gran amiga Aimée, que estudiaba conmigo en el Pre de La Víbora, tuve la suerte de conocer a su padre, el doctor Rodolfo Tro (La Habana, 1907-Caracas, 1989), políglota y escritor vinculado al grupo Orígenes, amigo y médico personal de gran parte de la bohemia artística habanera. Recuerdo haber visto en la sala de su casa *Bodas de las novicias con Cristo*, un Ponce espléndido –regalo del pintor, muy amigo suyo y del cual también poseía un magnífico autorretrato–, y haberme quedado fascinado ante su aún más espléndida biblioteca que cubría toda la pared de un inmenso pasillo. Allí vi, por primera vez la colección de la mítica revista Orígenes y tuve la oportunidad de leer algunos buenos libros de la famosa lista y, también, la entonces vaporizadísima novela *Paradiso* de Lezama en la edición de Diógenes, dedicada por el autor.

En esos años iba mucho, casi todos los días, a la Biblioteca Nacional José Martí y allí, en sus más o menos apacibles salas de lectura, devoré los deliciosos diálogos del Aretino. La BNJM posee –o poseía, ya no lo sé– la invaluable edición príncipe de los "ragionamenti", donde se lee "ahora por primera vez puestos de la lengua toscana en castellano" y que traduce, anota y "publica a su costa" el comediógrafo español nacido en Sanlúcar de Barrameda en 1874 y muerto en Madrid en 1922, Don Joaquín López Barbadillo. Este erudito andaluz fue muy conocido en su tiempo y sus obras (*El fin del mundo, Camino de flores, El traje de Venus, Romance pastoril*, entre otras, algunas escritas en colaboración con diversos autores) se representaban con bastante éxito según los cronistas de la época. Pero me temo que su nombre habría quedado relegado al olvido (apenas aparecen datos sobre su persona en algunas obras muy especializadas), si no fuera por su interés en cierta literatura que hoy llamaríamos erótica. Barbadillo no sólo tradujo, editó y comentó con gran erudición y elegancia, los famosos *ragionamenti*, sino que creó una muy bella colección de obras con esa temática, entre las que figuraban *La comedia del herrador*, también del

Aretino; *Gamiani o dos noches de placer*: "maravilloso cuadro en que se pintan las orgías sáficas y sádicas de una frenética gozadora de amor" de Alfredo de Musset; *La Academia de las damas*: "llamada Sátira Sotádica de Luisa Sigea sobre los arcanos del amor y de Venus", de Nicolás Chorier; *Confesiones de la señorita Safo*: "obra francesa anónima del siglo XVIII"; *El gineceo*: "imponderable colección de setenta y seis portentosos estudios de desnudo" de André Rouveyre; *Margot la remendona*: "historia de una prostituta", novela filosófica-erótica; *Museo de Nápoles*: "–gabinete secreto–, pinturas, bronces y estatuas eróticas con su explicación"; *Las delicias de los césares*: "famosa colección erótica de monumentos de la vida privada de los primeros emperadores romanos, sacadas de una serie de piedras y medallones grabados en su tiempo, con la representación al desnudo de sus amores, sus orgías y aberraciones", un texto de 1782, y *El culto secreto de las matronas romanas*, continuación del anterior, ambos de Hancarville, entre muchos otros. Ramón Akal, en la década del 70 del siglo pasado, recogió y publicó en edición facsímil, esta gran –y rarísima– colección de Barbadillo que ya se ha convertido en joya de bibliófilos.

Pedro Aretino nació pobre en un tugurio de Arezzo –ciudad de cuyo gentilicio tomó el nombre– el 19 de abril del mismo año del descubrimiento de América y murió rico en su palacio de Venecia, el 21 de octubre de 1556 (otros autores anotan que fue en diciembre de 1557). Su madre fue una cortesana de baja ralea y modelo de pintores para cuadros sacros –su efigie estuvo durante mucho tiempo adornando la fachada de San Pedro de Arezzo– llamada la Tita. Por eso Barbadillo apunta en sus notas bibliográficas sobre el Aretino que fue "hijo de carne de placer". No obstante, hay autores que plantean que sólo fue una campesina que los pintores se disputaban por su belleza. De su padre se sabe poco, en realidad nadie está muy seguro de quién fue su padre. Buonamici, Burali, Camaiani, Bonci, Lucha o Luca, son apellidos que acompañan a Pedro en distintos sitios, aunque Aretino se tenía a sí mismo como hijo de Luca el zapatero y así consta en algunos documentos. Cela en su *Enciclopedia del Erotismo* lo llama Pedro Bacci el Aretino. Bacci era un gentilhombre de la zona, lo cual echaría leña al fuego de la leyenda de su origen humilde.

El Aretino creció en Arezzo, a unos 80 kilómetros de Florencia, en la toscana, abandonado y vagabundo. A los quince años, se dice, escribe un soneto contra las indulgencias y tiene que huir a Perusa donde aprendió el oficio de librero y probó fortuna como pintor. A los 20 ya nos lo encontramos en Roma formando parte de la corte del Papa León X, pero sin abandonar, para decirlo de una forma elegante, su vida disoluta, cultivando amigos y enemigos –sobre todo a estos últimos– a diestra y siniestra. Empezó a escribir encendidas diatribas, artículos satíricos y detractores; ya que pronto aprendió que si alguien virtuoso pagaba generosamente un soneto laudatorio, quien no lo merecía, lo retribuiría mejor. Fue protegido del cardenal Julio de Médicis, del Marqués de Mantua, y consejero del *condottiero* Juan de Médicis. Al llegar Julio al papado como Clemente VII vuelve a la corte pero pronto cae en desgracia y hasta sufre un intento de asesinato, entonces regresa al amparo de Juan de Médicis y más tarde huye a Venecia. La historia de los dieciséis sonetos lujuriosos que ilustraron los dibujos de Giulio Romano, un soneto por cada dibujo celebrando otras tantas posturas sexuales y grabados por Raimondi, no tiene desperdicio. Retrata a nuestro renacentista toscano de cuerpo entero. Visor publicó hace ya unos años los dieciséis sonetos en edición bilingüe traducidos por Luis Antonio de Villena.

En Venecia, en su soberbio palacio junto al Canale Grande, rodeado de su harén privado –seis mujeres jóvenes a las que llamaba sus "aretinas"–, acuña medallas de cobre y plata con su efigie y divisa (El Divino Pedro Aretino, Azote de Príncipes), recibe nobles y embajadores, discípulos y aventureros, clérigos y famosas furcias; pero también a gente humilde... Y a sus amigos, entre ellos Tiziano, que lo pintó magistralmente –en la actualidad uno de sus cuadros puede ser admirado en la Galería Palatina del Palacio Pitti de Florencia– y Sansovino –hay un pequeño busto suyo del Aretino posando como san Bartolomé en la Catedral de san Marcos–. Allí, odiado y temido, pero también amado, muere en santa paz.

A pesar del poder que llegó a tener, no fue un hombre feliz. No pudo retener a la única mujer que en realidad amó, sin embargo fue capaz de recibirla cuando enferma de muerte se refugió en su palacio. Puro hombre de su tiempo, él solo enmarca todas las virtudes y los defectos de su siglo. Agotó el placer en casi todas sus formas, habló mal de todos y de casi todos vivió. Hoy pocos lo recuerdan. Pero ahí están y estarán sus "ragionamenti", esos chispeantes diálogos dedicados a su mona, todavía burlándose sabiamente de su tiempo... y del nuestro.

Julio 2010

HENRY DARGER

La gran literatura está marcada por seres, ellos mismos actores o más bien prisioneros de una trama absurda que no escogieron pero que no pueden abandonar, obsesionados por extraer de su interior lo que el Bosco inmortalizó como "la piedra de la locura". Seres extraños para su tiempo y para todos los tiempos, solitarios, enfermos de males incomprensibles para la mayoría de los mortales, a veces hoscos, casi siempre tímidos, viviendo y muriendo por una obra, perturbadora e inquietante, que en su momento sólo a ellos interesa.

Sin embargo, ahora, en este siglo XXI que se encamina sabe Dios hacia dónde, en medio de la globalización y la comunicación masiva e inmediata vía internet, esos seres misteriosos, rarísimos, se nos antojan lejanos en el tiempo, pertenecientes a otras épocas, no pensamos que puedan ser nuestros vecinos. Hoy en día los excéntricos del mundo de las artes responden, en su mayoría, más al deseo de llamar la atención, a veces mediante la provocación gratuita o la trasgresión circense, con la obvia intención de vender lo que sea, que a la inevitable y no deseada angustia existencial o creativa. Mercado contra maldición, nada que ver con la extracción de la piedra de la locura. Por eso asombra que salten a la luz casos como el de Henry Darger.

Henry Darger nació en Chicago el 12 de abril de 1892 y a los 4 años sufrió el primer golpe. Su madre, Rosa Darger –su apellido de soltera era Fullman– moriría por complicaciones en el parto de su hermana, a la que Henry nunca conoció. Vivió unos años con su padre, un sastre de igual nombre, que al poco tiempo lo ingresó en una institución mental en Illinois, donde aterrorizado tuvo que vivir varios años hasta que en 1909 logra escapar y regresa a Chicago. Consigue un empleo de lavaplatos en el hospital St. Joseph, labor que desempeñaría el resto de su vida en distintos hospitales de la ciudad.

El 2 de noviembre de 1972, con 80 años y sintiéndose próximo a la muerte, llama a su casero, Nathan Lerner, un fotógrafo y profesor, y le hace saber que se marcha a un asilo, un hospicio católico operado por Little Sisters of the Poor. Darger era un anciano solitario, hosco, sin familiares ni amigos. Su rutina era la misma desde hacía más de 60 años, ir a misa todos las mañanas, a veces varias veces en el día, cumplir con su empleo de lavaplatos y vagabundear –antes de encerrarse en su casa–, por los latones de basura en busca de revistas y periódicos viejos. Los vecinos lo tenían por un loco inofensivo que establecía misteriosos diálogos consigo mismo, cambiando la voz, para cada uno de los numerosos personajes que intervenían en los mismos.

Darger le entregó las llaves de su apartamento, un lugar pequeño, de apenas dos habitaciones, y Lerner le preguntó que qué hacía con sus cosas. "Puede quedárselas o tirarlas", le respondió el anciano. Darger moría unos meses después, en octubre de 1973, hace ahora 38 años. Con su muerte comenzaría la leyenda, que no ha hecho más que crecer con los años.

Nathan Lerner no podía creer lo que veían sus ojos. El local donde había vivido Darger por varias décadas estaba abarrotado de cuadernos cosidos a mano, decenas de miles de páginas manuscritas, dibujos, pinturas –algunas enormes–, historietas bellamente ilustradas y *collages*. A espaldas del mundo, aquel hombre había dedicado más de 60 años a construir un mundo paralelo, mágico, saturado de una fantasía inquietante y perturbadora. Una obra monumental y terrible. Se encontraron muchas obras terminadas, entre ellas, una autobiografía de 5,000 páginas donde no menciona ni una sola vez que escribe o pinta.

La principal de estas obras tiene un título largo: *The Story of the Vivian Girls, in What is Known as the Realms of the Unreal, of the Glandeco-Angelinnian War Storm, as caused by the Child Slave Rebelion*, que abreviadamente se le conoce como *The Realms of the Unreal*, algo así como El reino o el imperio de la irrealidad, que tiene unas 15,000 páginas escritas a mano –está considerada la novela más larga jamás escrita–, a un espacio y que está protagonizada por las siete hermanitas Vivian. Estas aguerridas hermanitas provocan pavorosas batallas para liberar a los niños de un mundo donde los adultos se dedican a esclavizarlos. A los rebeldes los torturan horriblemente y luego los matan. Las descripciones pormenorizadas de las batallas y de los abusos son, sencillamente, espeluznantes. Las guerras ocurren entre las naciones de un enorme planeta sin nombre –del cual la Tierra es un satélite o Luna–. El conflicto es provocado por los "glandelinians", que practican la esclavitud infantil. Un dato curioso es que muchas niñas que aparecen en las ilustraciones están desnudas y poseen diminutos penes. Tal vez, afirman los estudiosos de la obra de Darger, sus historias hubiesen pasado inadvertidas –aparte de la labor de Lerner, una especie de Max Brod– si no fuera por la calidad y la belleza de las pinturas que las acompañan. Puesto que Darger jamás estudió pintura, ni poseía formación técnica alguna, no le quedó más remedio que inventarse un método: calcaba figuras de las revistas que encontraba en los basureros, las recortaba, las fundía y las recomponía, a su antojo. También empleaba ampliaciones y reducciones fotográficas que encargaba en un establecimiento vecino.

La viuda de Lerner vendió algunas de sus pinturas en un millón de dólares, pero el grueso de su obra –incluyendo los manuscritos– se encuentra en el American Folk Museum de Nueva York, que creó un centro para su conservación y estudio. El volumen es tal que todavía no se ha terminado de leer todo el material. Se han publicados fragmentos de su obra. Sus dibujos y pinturas se cotizan en la actualidad en decenas de miles de dólares. En el Festival de Sundance del 2003, se presentó un documental de Jessica Yu –ganadora de un Oscar– sobre Darger titulado *In the Realms of the Unreal*.

Hay constantes en la obra de Darger: su defensa de la infancia y el vacío que dejó la muerte de su hermana. También lo obsesionaba un crimen ocurrido en 1912 –una niña violada y asesinada– cuyo asesino jamás fue detenido –Darger puso a sus personajes a buscarlo afanosamente–, al extremo que John McGregor, el principal estudioso de su obra, llega a preguntarse si no sería Darger el autor del crimen.

Arte bruto, arte maldito, arte como terapia, arte marginal, arte por el arte. El tiempo lo dirá. El mito Henry Darger apenas comienza.

Octubre 2004

CHÉJOV, CENTENARIO

Entre 1896 y 1904 se estrenaron en el Teatro de San Petersburgo y en el Teatro de Arte de Moscú, cuatro de las más significativas piezas de Antón Chéjov: *La Gaviota*, *Tío Vania*, *Tres hermanas* y *El jardín de los cerezos*. Todas ellas dirigidas por su amigo Konstantín Stanislavski (1863-1938), y algunas, actuadas por su esposa, la actriz Olga Knipper, diez años mayor que él. Podría pensarse que el autor de estas obras, a pesar de algunos contratiempos (*La Gaviota* fue abucheada la noche del estreno), debía sentirse un hombre realizado, feliz, pero no era así. Chéjov sabía que la sombra que lo había estado acompañando casi desde su adolescencia se hacía más densa, más compacta. Más perentoria.

El jardín de los cerezos, su última obra, se estrenó la noche del 17 de enero de 1904. A pesar de que Chéjov no solía asistir a los estrenos de sus obras, un grupo de amigos se presenta en su casa y prácticamente a rastras lo conducen al teatro. En el intermedio sube al escenario recibiendo los aplausos del público. Su figura alta, desgarbada, trabajosamente se sostiene apoyándose en el bastón. Está muy débil y apenas puede respirar. Allí recibe varios obsequios, entre ellos una corona de oro bordada en un gorro (más tarde le confesaría a Stanislavski que hubiese preferido "una ratonera en vez de una corona"). Al día siguiente viaja a Berlín con la intención de ver a un célebre especialista en tuberculosis que le recomienda "reposo" en el balneario de Badenweiler, en la Selva Negra alemana. Allí moriría la madrugada del 15 de julio, hace ahora cien años.

Cuatro años después, su viuda describiría así ese momento: "Los dolores le torturaban, y por primera vez en su vida mandó llamar a un médico [...] Llegó el doctor Schwöhrer y dijo unas palabras amables y afectuosas, al tiempo que mecía a Antón en sus brazos. Chéjov, que mostraba una extraña rigidez, pronunció en voz alta y clara (aunque apenas sabía alemán): *Ich sterbe* [me muero]. El médico lo calmó, cogió una jeringuilla, le puso una inyección de alcanfor y pidió champán. Antón tomó una copa llena, la examinó, sonrió y dijo: «Hace mucho tiempo que no bebo champán». La apuró y se volvió con calma del lado izquierdo; apenas tuve tiempo de correr hacia él e inclinarme sobre la cama, llamándolo, cuando dejó de respirar y se quedó tranquilamente dormido, como un niño". Tenía 44 años.

Antón Chéjov había nacido el 29 de enero de 1860 en Taganrog, una ciudad portuaria a orillas del Mar de Azov, en la península de Crimea. En la actualidad la casa donde nació se conserva como museo. Tuvo una infancia desdichada. Hijo de comerciante y nieto de un siervo liberado, se crio ayudando a su padre en la tienda, pero éste terminó en la ruina y marchó, con parte de su familia, a Moscú en busca de nuevos horizontes. Chéjov permaneció en su pueblo, sobreviviendo como podía, hasta que a los 19 años se traslada también a Moscú e ingresa –gracias a una beca– en la Facultad de Medicina, quizás intentando entender el mal que ya lo aquejaba y que terminaría por matarlo. En la gran ciudad da clases particulares para mantenerse y publica cuentos humorísticos –bajo seudónimo– en periódicos y revistas. A los 24 años logra graduarse y da a conocer, pagándolo de su propio bolsillo, una primera colección de cuentos. Ese mismo año, 1884, los síntomas de su enfermedad se hacen patentes. Tras la muerte de su hermano –también de tuberculosis– viaja a Sajalín, en Siberia, para realizar una investigación sociológica –y también huyendo de la pasión que despertaba en él una mujer casada– sobre la situación de los deportados al penal de la isla, cuyo resultado expuso en 1893 en *La isla de Sajalín*. Su salud se deteriora después del viaje, lo cual no impide que luche, como médico, contra las epidemias que asolaban Rusia ni que viaje a Europa. En 1891 se recluye en una propiedad rural donde escribe sus mejores obras.

Su prosa y su teatro se van impregnando de una melancolía apagada, fría, que se deja sentir, y aunque el humor no lo abandona del todo, el escepticismo, cierta mordacidad, cierta ironía sutil y a veces no tanto, van echando raíces. Sus cuentos y sus piezas adquieren profundidad, una tensión calculada, donde es más importante lo que no se ve, lo que está fuera, lo que se intuye, que lo que se muestra o se dice, "la acción indirecta". La perspectiva humorística, cómica, con la que se presentaba al ser humano en un principio, se transforma en un estudio minucioso de las pasiones y los tormentos del alma. Sus personajes no soportan la mediocridad y a veces no se soportan ni a sí mismos. Viven en la incertidumbre. A la felicidad como promesa le sigue la desilusión como certeza. Un sentimiento de culpabilidad sin causa gravita sobre el destino de ellos y nada o casi nada se puede hacer.

Chéjov murió hace un siglo pero sus cuentos y gran parte de su teatro se mantienen vigentes. Como está vivo goza de fieles admiradores y furibundos detractores. Sus libros se reeditan y sus obras se montan o se llevan al cine. Es un clásico sobre el que no se ha depositado el polvo. Muchos de los miles de cuentos que escribió en apenas veinte años pertenecen ya a la memoria literaria de la humanidad. ¿Quién no ha leído *La dama del perrito, La sala número 6, Un día en el campo, Luces, La cigarra, El hombre enfundado, Una visita médica*, por solo nombrar unos pocos? Fue un maestro indiscutible del relato breve.

Un periodista que se hallaba presente en el momento de su muerte, amigo personal de Olga y Antón, cuenta que esa madrugada el escritor había comenzado a delirar. Su esposa estaba aplicándole hielo en el pecho para aliviar la agonía y entonces el maestro, de pronto, volvió en sí y "con una triste sonrisa" le dijo a su mujer: "No pongas hielo en un corazón vacío". Después agregó el ya famoso "me muero". Cien años después, el jardín de los cerezos continúa floreciendo y el corazón vacío se ha llenado de vida, lo cual nos permite afirmar que Antón Chéjov, sigue vivo.

Julio 2004

JOSÉ ÁNGEL VALENTE

Transgresor sin límites, rabiosamente solitario, luchador por sus ideas, y por consiguiente exiliado de un país donde imperaba una dictadura que lo sometió a un consejo de guerra en 1972 por escribir *El uniforme del general,* un cuento que fue considerado como una ofensa al ejército, José Ángel Valente ha sido una de las voces poéticas y filosóficas más importante de la segunda mitad del siglo XX en España.

Valente, acaba de morir de cáncer en Ginebra, Suiza, a los 71 años. Allí vivió desde 1958, y antes que sus cenizas fueran trasladadas a Orense, región de Galicia donde había nacido en 1929, se celebró una misa en la Basílica Notre Dame de Ginebra, con música de Bach, Beethoven. Más tarde, en la capilla del cementerio de Saint Georges se escuchó la voz del poeta recitando: "Cruzo mi desierto/ y su secreta desolación sin nombre"..., poema de su primer libro *A modo de esperanza* (1955) con el que obtuvo el Adonais. Muchos, e importantes escritores, consideran a José Ángel Valente como un poeta fundamental de la generación del 50, grupo con el que el propio Valente nunca se sintió identificado. Sin embargo hay un consenso generacional que apunta al poeta como una de las voces más agudas –una voz clave– para comprender la evolución de la poesía española.

Valente recibió los más importantes premios literarios de su país natal, además del Adonais de poesía en 1955 por *A modo de esperanza, en* 1960 obtuvo el Premio de la Crítica por *Poema a Lázaro*. También el Príncipe de Asturias de las Letras en el 1988 –compartido con Carmen Martín Gaite, recientemente fallecida–, el Premio Nacional de Poesía y el VII Premio Reina Sofía de Poesía Iberoamericana.

Trabajador incansable, poco antes de morir, en abril, hizo la presentación de dos gruesos volúmenes de poesía, publicados por Alianza, *Obra poética 1. Punto cero* (1953-1976) y *Obra poética 2. Material memoria* (1977-1992) y en el acto afirmó que: "La poesía conlleva una experiencia espiritual que transforma al poeta mismo"; para luego agregar: "Una vez que se termina de escribir un poema, ya no es tuyo. Será el lector el que la resucitará en cada lectura".

El poeta cubano José Lezama Lima dijo de Valente: "No creo que haya en la España de los últimos veinte años un poeta más en el centro germinativo que José Ángel Valente, con la precisión de la ceniza, de la flor y del cuerpo que cae". El escritor español Luis Antonio de Villena toca un aspecto controversial, pero bien conocido del carácter del poeta gallego: "Valente la emprendía, lanza en ristre y talante agresivo, contra cualquiera que no compartiese sus postulados estéticos". Sus ataques virulentos, incluso personales, contra algunos miembros de la generación del 50 forman ya parte del entorno mítico de este poeta arisco que atesoraba sus muy malas pulgas. Hosco, místico, amante del silencio, orgulloso hasta el desplante, vivió y murió –a pesar de los reconocimientos– como un marginal, como el solitario que siempre quiso ser. Hoy las furias que soplaban a su alrededor se confunden con la música de Bach y de Beethoven que lo acompañó al cruzar el tiempo. Y con las cenizas, las suyas y las otras, que como el amor al que aludía Quevedo, "tendrán sentido":

Cruzo un desierto y su secreta desolación sin nombre.

El corazón, tiene la sequedad de la piedra y los estallidos nocturnos de su materia o de su nada.

Hay una luz remota, sin embargo, y sé que no estoy solo; aunque después de tanto y tanto no hay ni un solo pensamiento capaz contra la muerte, no estoy solo.

(Fragmento del poema *Serán ceniza*, perteneciente a su libro *A modo de esperanza*).

Agosto 2001

IBSEN, CENTENARIO

Por el centenario de la muerte del dramaturgo y poeta noruego Henrik Johan Ibsen (1828-1906), se han estado llevando a cabo numerosos actos conmemorativos, no sólo en su país natal y el sitio donde terminó su vida, sino también en varios otros países, entre ellos en Nicaragua. No hay que olvidar que el gran poeta nicaragüense Rubén Darío incluyó al autor de *Casa de muñecas* en *Los raros* (1896), donde el autor centroamericano, que apenas contaba con 26 años, ofrecía documentadas y ricas "semblanzas y retratos" de las figuras literarias más importantes de su época.

La vida de Ibsen es rica en matices y curiosa en su desarrollo. Hijo de un próspero comerciante que perdió su fortuna poco después del nacimiento de Henrik, creció en parte como un marginado social, descuidando sus estudios formales. La situación lo llevó a desempeñarse como ayudante de farmacia en Grimstad. Sin embargo, mientras estudiaba medicina en la Universidad de Christianía (hoy Oslo), se adentraba en la literatura. En 1850 ya había publicado la comedia, *Catilina* y trabajaba arduamente en la redacción de *El túmulo del héroe* (1854). Su éxito interesó en su época por lo que lo nombraron, con apenas 23 años de edad, asistente de la dirección del

Norse Theater de Bergen, lugar en el que permaneció por seis años empapándose del mundo teatral. Allí conoció a Susanna Thorensen, la hija de un clérigo con la que contrajo matrimonio en 1858.

Unos años antes, en 1852, como parte de su formación, realiza un viaje a Copenhague y Dresde. Queda fascinado con *El drama moderno* de Herrmann Hettner, que se había estrenado el año anterior y que influiría grandemente en su quehacer. Fueron años fructíferos que lo ayudaron a perfilar el oficio. Por supuesto, también bebió de Shiller y del danés Johan Ludvig, entre otros.

A los 36 años, en 1864, siendo prácticamente un desconocido, abandona Noruega –primero a Italia y luego a Alemania– y ya no regresaría hasta 1892, viejo, famoso, pero sin haber alcanzado la felicidad que tanto añoró ni ese equilibrio que siempre se afanó en buscar entre lo que un ser humano pretende llegar a ser y lo que en realidad consigue o puede conseguir. La línea que enlaza esos dos momentos definitorios en una vida, y el análisis retrospectivo desde el punto de llegada, de si valió la pena el sacrificio, si la elección fue la correcta o los medios empleados los justos, fue su gran pasión, una verdadera y compleja obsesión.

Ibsen siempre se movió en aguas inseguras. En un principio su mirada se volvió al pasado, hacia la historia de su joven país, quizás buscando las raíces que lo ayudaran a levantar un escenario, donde colocar sus piezas y tratar de responder las preguntas, que obsesionan a sus personajes. Un nacionalismo a ultranza que da paso a los conflictos y los problemas de su tiempo y de su sociedad, donde los valores cambian tan vertiginosamente que los personajes se confunden y pierden su asidero. Un simbolismo poético, un realismo psicológico –se ha afirmado que Ibsen fue una especie de Freud teatral– y al final una vuelta a los orígenes, a una especie de racionalismo expresionista, amargo y desesperanzador. Siempre luchó, contra el conservadurismo y los prejuicios éticos de su tiempo. Impuso en el teatro una seriedad, una vitalidad y un sentir trágico profundo que contribuyó grandemente a tender una línea de continuidad entre su trabajo y la tragedia griega, lo que a su vez lo hacía heredero directo de los dramas de Shakespeare.

Ibsen fue un autor muy prolijo. Su primera pieza, *Catilina*, la escribe a los 18 años y la última, *Cuando los muertos nos despertemos* a los 71. Más de medio siglo de su vida lo dedicó al teatro. El mayor aporte de su teatro, según los especialistas, consiste en que dio paso al teatro psicológico y al drama realista y crítico, así como a posteriores corrientes dramáticas surrealistas y expresionistas.

Su despedida, que él llamó "epílogo dramático", es una obra amarga. Luego enfermó y ya no pudo seguir escribiendo. Murió sabiendo que había contribuido como nadie a llevar el teatro noruego por todo el mundo. Que era famoso y reconocido internacionalmente. Sin embargo aún dudaba, seguía sintiéndose inseguro y no era feliz.

Entre las conmemoraciones por su centenario que se están llevando acabo, vale mencionar la que realiza la Universidad Politécnica de Nicaragua (UPOLI) en colaboración con la embajada Noruega, para ofrecer un Taller de Iniciación Teatral y la puesta en escena de la obra *Peer Gynt*.

Por su parte la Biblioteca Nacional de España acoge la exposición *Escribir es ver: Ibsen contemporáneo*. La muestra se trasladará a Argentina, donde también se le rendirá homenaje al importante dramaturgo.

En México la conmemoración se celebra con la puesta en escena de *El granero Hedda Gabler*, considerada una de sus obras más destacadas, así como con exposiciones multimedia, coloquios y espectáculos inspirados en sus obras.

En su país natal, los reyes noruegos y el primer ministro, Jens Stoltenberg, acudieron al Ayuntamiento de Oslo, donde se celebró el inicio de las conmemoraciones. El 23 de mayo, aniversario de su muerte, reabrió sus puertas el museo Ibsen en Oslo, en el apartamento que ocupó con Susanna los 11 últimos años de su vida. Otro de los eventos previstos a lo largo del Año Ibsen, será la interpretación de *Peer Gynt* en el desierto, al pie de la Esfinge de Egipto, el 26 de octubre próximo.

***

Ibsen y Dumé

La casa se ocultaba detrás de un bosque. De noche, cuando llegaba y me adentraba en el túnel que el espeso follaje compactaba, sentía que estaba traspasando una frontera mágica. Al fondo, la puerta con cristales nublados enmarcada por el azul desleído de la madera machihembrada y un colgajo metálico y brillante por donde el viento apenas se deslizaba levantando antiguas resonancias. Unos bancos de piedra a la derecha susurraban de parques imposibles, recuerdos desperdigados de una ciudad más imposible todavía, y donde alguna vez unos actores jugaron a ser otros. La ventana a la izquierda, cubierta desde el interior por una sombra, cortina de abrigo o telón de boca, protegía el hechizo de aquella parte de la casa. Antes de llamar, siempre dejaba que el silencio y la noche me llenaran.

Luego tocaba, y enseguida aparecían el rostro sonriente de mi amigo y su voz, espesa, melodiosa, dueña de una cadencia envolvente y natural que acentuaba las sílabas finales, transformando cualquier conversación en un recital, sin sonar grandilocuente aunque se lo propusiera. Voz de recitador no de declamador, de actor, de maestro delante de una clase. Cínica a veces, mordaz casi siempre.

Entonces Dumé me invitaba a pasar y del otro lado del telón, entre aquellas paredes cubiertas completamente de teatro, sin muchos preámbulos, nos acomodábamos cerca de la bandeja de quesos y fiambres que tenía preparada y descorchábamos la primera botella del imprescindible rioja. Daba lo mismo por donde empezara la conversación, siempre terminábamos hablando de Ibsen.

Hoy, que ya Dumé no está y porque este 20 de marzo se conmemora el 176 aniversario del natalicio de Ibsen, quise iniciar esta nota informativa sobre el dramaturgo noruego evocando a ese gran director teatral cubano que fue Herberto Dumé, que amaba a Ibsen, que montó en Nueva York algunas de sus piezas –recuerdo *Espectros*, con su grupo– y que cuando murió –el mes que viene hará un año ya– todavía soñaba con montar *El enemigo del pueblo*, seguía trabajando en su estudio e incluso ya había seleccionado algunos de los actores. Valga la aclaración.

***

Hoy el teatro de Ibsen se estudia en las universidades, pero muchas de las piezas que sentaron pautas en su momento tal vez ya nos resulten demasiado "realistas", demasiado "didácticas", demasiado "pesadas" y hasta insoportablemente aburridas, envejecidas por la vida. Sus grandes dramas con héroes y antihéroes como Brandt o Peer Gynt, ya apenas se montan. Otras piezas, por sus temas, como *Espectros, Casa de muñecas* o *Hedda Gabler* siguen vigentes, rabiosamente actuales, casi visionarias, y se mantienen en cartelera. Ojalá que este aniversario contribuya a nuevos montajes. También sería bonito que algún grupo local se decida y retome el viejo y acariciado sueño de mi amigo Dumé y en cualquier parque sombreado por un bosque, comiencen los ensayos de *El enemigo del pueblo*. Sería un doble y merecido homenaje.

Junio 2006

EL ESPAÑOL NOS UNE

Los orígenes del español se pierden en la lejanía de los siglos y en el sonido misterioso de infinidad de voces. Algunos lingüistas opinan que los primeros habitantes de lo que hoy es España se establecieron junto a los Pirineos y que hablaban una lengua emparentada con el vasco. Pero pronto se irían sumando a ese presunto primer grupo otras voces, otros sonidos que arribarían por tierra y por mar desde casi todos los puntos cardinales. Los iberos por la costa de Levante, procedentes muy probablemente de la tierra africana, terminaron por prestar su nombre a toda la península que hoy comprende España y Portugal. Como en la actualidad, el comercio y las guerras, dictaban las pautas. Así, los fenicios fundaron lo que hoy es Cádiz y la llamaron Gadir, vocablo de origen púnico que significa algo así como recinto amurallado (los romanos la llamaron Gades y los árabes Qádis). También fundaron Málaka, que significa fábrica, la actual Málaga. Los griegos por su parte fundaron Lucentum (Alicante) y entre todos propiciaron el desarrollo del arte ibérico, en particular la escultura. La Dama de Elche es de esa época.

Pero también llegaron, entre otros, los ligures provenientes de Italia; y los celtas, del sur de Alemania. Ambos dejaron sus huellas en el centro y norte de la península, fundamentalmente. Los entendidos basan esta afirmación en ciertos sufijos que aparecen aún en ciertos nombres de lugares antiguos. Más tarde se mezclaron con los iberos y la mezcla siguió enriqueciéndose. El sonido "sego", por ejemplo, que indica triunfo, victoria, lo encontramos formando parte de Segovia. Es uno de los muchos toponímicos de origen céltico.

Sin embargo, a esas alturas, todavía no se puede hablar de una unidad lingüística en la península. Eso no empezaría a ocurrir hasta la llegada de los romanos. Primero los Escipiones y luego Augusto que somete a cántabros y astures. Roma va imponiendo poco a poco su forma de vida, su cultura y su lengua, mientras construye puentes y acueductos. El latín se populariza rápidamente, sobre todo como vehículo de comunicación. Todo se combinaba y surgían palabras nuevas. Los romanos habían asimilado muchos vocablos griegos que se integraron al latín. Así han pasado a nuestra lengua y sobrevivido, entre otras muchas voces, filosofía, matemática, coro, poesía... Y ésta es una linda palabra porque hay algo poético en el nacimiento de nuestra lengua. Poesía que sobre todo es mezcla, combinación –de esencia, de modos–, caldo germinativo en constante ebullición, que nunca cesa de transformarse, porque la interrupción de ese proceso, de ese movimiento que elimina y añade, es la muerte. Pésele a quien le pese, no hay idiomas puros –no existe tal pureza–, las lenguas tienden constantemente a renovarse. Así ha sido siempre y así seguirá siendo. Menéndez y Pidal apuntó alguna vez que la base de nuestro idioma es el latín vulgar, pero el latín pertenece a las lenguas itálicas que ya se hablaban hace más de dos mil años y que a su vez provenían de algo que se ha dado en llamar indoeuropeo, que a su vez ya nadie sabe a ciencia cierta de dónde provenía. Una actividad tal vez un poco inusual, pero fascinante, es hurgar en el origen de las palabras. Ir rastreándolas hacia atrás en el tiempo, para en ocasiones descubrir asociaciones insólitas o sorprendentes. Por ejemplo puente y pontífice comparten la misma raíz, es interesantísimo averiguar por qué. Se lo dejo a la curiosidad de los lectores.

El Español ha devenido en sinónimo de castellano por ser Castilla la comunidad lingüística que, desde tiempos medievales, habló esta modalidad románica. Aunque en América es más popular y hasta más lógico, ya que proviene de España, llamar español a la lengua de ese país, por la simple fórmula de que la lengua de Francia es el francés y la de Italia el italiano. Sin embargo, en España existen además del castellano, el catalán, el gallego, el vasco y el valenciano, como lenguas oficiales en sus respectivas comunidades autónomas, y algunos no comparten la idea de asociar al castellano con el español. Pero eso es otro tema.

Para un estudio detallado el español se suele dividir en tres periodos. El llamado medieval abarcaría los siglos X al XV;

el moderno, el XVI y XVII; y el contemporáneo, desde la fundación en 1713 de la Real Academia Española –la que "fija, limpia y da esplendor", aunque siempre con proverbial retraso–, hasta el día de hoy. Fue Alfonso X quien al ordenar componer en romance en vez de latín, las grandes obras literarias, históricas, jurídicas y científicas de su época, dio un paso definitivo en la consolidación del castellano. Un hito, desde muchos puntos de vista, lo fue mucho antes la publicación por Antonio de Nebrija, nada menos que en 1492, de la primera gramática castellana. Y nos detendremos aquí en este año clave que marca el descubrimiento de América y la toma de Granada por los Reyes Católicos.

Cuando Cristóbal Colón llega a América trae con sus hombres un español consolidado, y enriquecido por nuevas voces –sobre todo en los dos siglos anteriores–. La conquista daría un impulso poderoso en el afianzamiento de la lengua. La América precolombina era un amasijo impresionante de pueblos y lenguas muy diferentes. Algunos autores lo consideran el continente más fragmentado lingüísticamente, con más de 120 familias de lenguas, muchas de ellas con decenas de variantes. Algunas débiles pero otras poderosísimas como el náhuatl, el maya, el quechua, el aimara, el guaraní, por solo mencionar algunas. Era una población heterogénea, como los mismos conquistadores que provenían de distintas regiones de España. Los viajes y las oleadas de colonizadores mientras de alguna manera unificaban un inmenso territorio bajo una sola lengua, regresaban al viejo continente con objetos y productos desconocidos; pero también con nuevas palabras. Patata –papa en Canarias–, cóndor, vicuña, puma, entre otras muchas del quechua y el guaraní. El náhuatl aportaría chocolate, cacao, aguacate, petate y un sinfín más. Otras lenguas sumarían huracán, sabana, batey, maíz, cacique, colibrí, caribe...Y la lengua aún hoy sigue creciendo sumando neologismos que señalan descubrimientos científicos e innovaciones técnicas –escáner, módem, casete, disco compacto, y un largo, creciente e interminable etcétera.

En Estados Unidos viven más de 30 millones de personas de habla española y es la quinta nación del mundo en número de hispanoparlantes. Miami, en un crisol de comunidades, y todas se entienden entre sí sin la menor dificultad, porque ésa es una de las principales características de nuestra lengua. Las diferencias son de sonoridades, de acentos, modismos, que en ningún caso impiden la comunicación; pequeñas particularidades como las podríamos encontrar en la propia España. El español es uno solo y nos une. ¡Qué maravilla!

Mayo 2016

"INTERNET" ENTRA AL DICCIONARIO DE LA RAE

Parece que los tiempos también están empezando a cambiar con la celeridad necesaria para la Real Academia Española (RAE); ya se sabe, la que "fija, limpia y da esplendor" a nuestra lengua. Ahora no hay que esperar pacientemente por "la nueva edición" impresa del Diccionario para conocer las novedades, ya que cada seis meses se vienen realizando actualizaciones en su página "web" (www.rae.es) que nos permiten mantenernos al día y que puede ser consultada gratuitamente.

Desde el 15 de enero, 2,500 nuevas enmiendas, adiciones y modificaciones –aprobadas desde el cierre de la edición anterior–, han sido incorporadas a la XXII edición del Diccionario de la RAE, como una primicia de lo que será la próxima entrega impresa (la XXIII). Todas estas nuevas entradas han recibido el visto bueno de las distintas Academias hispanoamericanas de la lengua.

Según informa la propia Academia, otras 9,000 ya han sido estudiadas por la RAE e irán siendo añadidas al Diccionario, en la red, a medida que sean aprobadas por todas las Academias incorporadas: "De este modo se podrá disponer de una información actualizada del trabajo académico y se facilitará el conocimiento de la evolución del español".

Sin duda la gran estrella entre las palabras incorporadas –¡al fin!– es "internet". En la entrada se aclara que es un artículo de nueva incorporación, avance de la vigésima tercera edición, y a continuación se le clasifica como de género *ambiguo*, lo cual significa que es tan válido decir *el* internet como *la* internet y que pertenece al mundo de la informática. A continuación, la definición: *"Red informática mundial, descentralizada, formada por la conexión directa entre computadoras u ordenadores mediante un protocolo especial de comunicación"*.

Otras palabras aceptadas son "pesca" en su acepción de "toda la pesca"; "autogobierno", "bulímico" (que padece de bulimia), "castrante", "acetilcolina", "adenovirus", "aluminar" (cubrir con una capa de aluminio) y "occidentalismo" (defensa de los valores propios del mundo occidental), la mayoría de uso común en sus distintos campos. A otras, aceptadas con anterioridad, no les veo mucho futuro, entre ellas, "bluyín con su plural "bluyines" o "yin" (yines) para lo que se conoce como pantalones *vaquero*, tejanos, *blue jeans* o su cómoda abreviatura de *jeans*. Tampoco a "jipi" por *hippie*.

También se añadieron nuevas frases: "sacar el pecho" para definir cierto gesto o actitud entre orgullosa y arrogante. O "comedura de coco" algo así como un lavado de cerebro. Sobre "romper el coco" no se ha llegado a ningún acuerdo aún. Otra de las nuevas expresiones incorporadas al Diccionario está relacionada con la palabra "vaca". Ahora, en dicha entrada, aparte de la machista definición de "hembra del toro", y de las muchas acepciones y combinaciones del vocablo, entre las que figuran "Vaca de San Antón" (mariquita, insecto coleóptero), la ahora tan lamentablemente de moda "vaca loca" (res afectada por la encefalopatía espongiforme bovina) y "vaca marina" (manatí, mamífero sirenio), nos encontramos con "vaca sagrada" con el siguiente significado: *"Persona que, a lo largo del tiempo, ha adquirido en su profesión una autoridad y un prestigio que la hacen socialmente intocable"*.

Así que ahora podemos sentirnos más tranquilos y hasta apoyados moral y académicamente cuando, coloquialmente, digamos, por ejemplo, que estamos rodeados de "vacas sagradas".

(2004)

CARLOS VICTORIA

Y tal día hace un año, solía decir mi madre aludiendo a la muerte como algo inevitable y a que pronto los muertos se van quedando atrás. Comienza un cumpleaños de muerte mientras la vida sigue imperturbable, ajena, camino del olvido. Hoy cumple Carlos Victoria un año de muerto y yo no me he acostumbrado, no me hago a la idea de que está muerto. Tal vez porque todo sucedió tan de repente y no hubo oportunidad para una despedida.

A veces son las cuatro de la tarde y estoy en la terraza, un auto pasa y me parece que lo voy a ver cruzando la calle, encogido, con un libro en la mano o bajo el brazo; que alza la cabeza, saluda y me grita algo. Esa sensación apenas dura un segundo, enseguida me digo que Carlos no volverá a cruzar la calle, que está muerto. Y es que no hacía tanto que allí mismo me contaba el desarrollo de su más reciente proyecto, una novela monumental –mil páginas por lo menos, me decía–, una saga familiar donde, desde luego, él se volcaría como había hecho siempre. La propia vida disfrazada de novela, como suele ocurrir con casi todos los grandes escritores. Quizás porque es necesario hablar de lo que se conoce bien y, ¿qué se conoce mejor que a uno mismo? No se puede inventar nada, todo está inventado desde tiempos bíblicos,

Eclesiastés, I, 5. El único material nuevo, original e irrepetible, es uno mismo, y ese descubrimiento, que tampoco es novedad, nada tiene que ver con el narcisismo, el figureo o la autocomplacencia. Porque estos últimos son sólo pantalla, humo, vanidad; y desnudarse duele.

Carlos era un hombre sencillo, siempre preocupado por la familia. Un hombre joven, retraído, maniático como todos los solitarios, celoso de su tiempo y su privacidad, pero amigo de sus amigos. Un lector obsesivo, un hombre culto que hablaba varios idiomas, que amaba la música clásica y el cine de autor. Yo lo escuchaba leer con esa cadencia muy particular que le imprimía a las palabras; veía como los ojos le brillaban mientras que con su letra redonda, casi infantil, escribía cuartillas y cuartillas. No pudo ser. Quedaron unas pocas páginas que se publicaron en una revista y que nos mostraban un Carlos Victoria renovado, en control absoluto, dueño de unos recursos expresivos que prometían paisajes deslumbrantes. En fin, para qué seguir con lo que no fue. Es mejor mirar a lo que nos dejó, una obra sólida que, estoy seguro, vencerá el olvido que impone la muerte.

Es muy pronto aún, ésta no es la ocasión, ni yo la persona indicada, para una valoración definitiva de su obra. Sé que se hará, que es probable que ya se esté haciendo. Que sus libros se agotarán y volverán a editarse. Y se seguirán traduciendo a otras lenguas. De momento, mientras las aguas tomen su nivel, y tanta tontería oportunista y hueca, ahora aupada, ocupe el lugar que le corresponde; en este primer aniversario de su muerte, pienso que lo mejor que podemos hacer, sus amigos, los que no fueron sus amigos pero lo conocieron, le escucharon algún día leer y tal vez le admiraron, y todos los que aún aman los libros y la buena literatura, el mejor homenaje, la prueba de que en realidad sigue vivo, es leer a Carlos Victoria. Con ese único fin es que enumero aquí algunos de sus principales libros: *Las sombras en la playa* (1992), *Puente en la oscuridad* (Premio Letras de Oro 1993), *El resbaloso y otros cuentos* (1997). Y, sobre todo, *La travesía secreta* (1994), novela impresionante –y apasionante– que recoge toda una vida y toda una época. De obligada lectura.

Carlos Victoria (Camagüey 1950, Miami 2007) es, y quiero hablar así, en presente del indicativo, uno de los escritores más importantes de su generación, que es la del Mariel. En Cuba fue pateado y toda su obra incautada por la policía. Ahora, junto a sus amigos Reinaldo Arenas y Guillermo Rosales, me lo imagino, en este primer aniversario –del otro lado de *la estrella fugaz*–, repitiéndome, recordándome, la única premisa que debe tener presente todo creador, la única filosofía posible: *¡No te detengas!*

12 de octubre del 2008

¿QUIÉN VA A COMENZAR EL CANTO?

No es el muerto quien provoca el estupor
es la sorpresa de ver cómo olvidamos
su propia muerte, nuestro gran dolor.
Queda el muerto, nosotros nos marchamos.

No es el muerto, no, quien se retira.
Somos nosotros que vamos discutiendo,
sobre el cadáver que mudo nos mira,
la posibilidad de seguir sobreviviendo.
Reinaldo Arenas

Después de muchas peripecias, que darían material para varias novelas (de horror), logré salir de Cuba el 5 de diciembre de 1983. Llegué a Barajas al amanecer del día 6, cumpleaños de mi hermana Asela, que me esperaba en el aeropuerto junto a mi madre. Había nueve grados centígrados bajo cero, no nos pusieron el túnel para salir del avión, y recuerdo que cuando toqué la barra de la escalerilla, empecé a temblar y no paré de hacerlo hasta tres o cuatro días después. En realidad, creo que no me detuve hasta que llegó el raquítico –por su duración– verano madrileño. Tres días después, el 9, tocaron a la puerta de la casa y era Reinaldo Arenas, enarbolando, radiante, un ejemplar de *Otra vez el mar*, que había publicado Argos Vergara, en noviembre de 1982. Sus primeras palabras fueron. "Ay, ¿quién va a comenzar el Canto Cuarto?".

Aquella novela –aquel gesto, aquellas palabras–, era todo un símbolo en nuestro reencuentro, pues su segunda parte –los seis cantos– fue leída en el Parque Lenin, a medida que iba siendo reescrita –la primera parte él había logrado sacarla de Cuba clandestinamente e hizo que le enviaran, de la misma forma, una fotocopia, para que mis hermanos y yo pudiéramos leerla– y fue, en gran medida, la causa de la persecución que padeció y su posterior encarcelamiento. Todos los interrogatorios que sufrí, por aquel entonces, a manos de la Seguridad del Estado giraban siempre sobre el dichoso manuscrito de *Otra vez el mar*. Era obvia la desesperación que sentían porque no habían podido apoderarse del mismo y estaban que trinaban. Yo siento mucho cariño por esa gran novela –mucho tiempo después de agotada la edición de Argos Vergara, Tusquets la reeditó en el 2002–, y hoy todavía, cuando releo alguno de sus cantos, por detrás de mis ojos siento la voz de Rey. Y si los cierro lo sigo oyendo pero ya debajo de las yagrumas, en el monte cubano, todos juntos, idos del mundo y de la realidad, llevados por el ritmo único, por la cadencia de aquella voz que ya entonces era "triste como la carta de un amigo en el exilio."

Mira, ahora estás tendido y respiras.
Mira que la vida es sólo esclavitud y aplauso.
Mira, ahora estás tendido y respiras.
Mira que la vida es sólo fanatismo o cuchillo.
Mira, ahora estás tendido y respiras.
Mira que la vida es sólo riesgo o abstinencia...

La vida es riesgo o abstinencia, repetía siempre Rey... Decía que yo quiero mucho a esa novela, porque está en mi carne y forma parte indisoluble de mi vida. Es, como me escribió en la dedicatoria, aquel día en Madrid, "la novela de nuestra vida". Después de todo lo que habíamos pasado, ahora estábamos otra vez juntos, descubriendo un mundo que sabíamos que existía pero que metódicamente nos lo habían negado. Mi madre, que había sido su enfermera en los años 70, se veía feliz. Por esos años, Reinaldo había enfermado de meningitis y como el antibiótico que le enviaron de Francia se lo decomisaron, me las ingenié para conseguir penicilina benzatílica en el hospital donde daba clases. Esa penicilina dolía un horror por lo que algunas enfermeras amigas me recomendaron que se la pusiera con un poco de lidocaína, que es un anestésico. Reinaldo venía a mi casa para el tratamiento, creo, no me acuerdo bien, tres veces a la semana y mi madre era la que lo inyectaba...

Me había propuesto evocar aquella primera Navidad en Madrid, en libertad y en compañía de Reinaldo Arenas y he terminado, como casi siempre, hablando de inyecciones y de

Otra vez el mar... Fueron unos pocos días –era su primera visita al viejo continente y él seguía hacia París para reencontrarse con los Camacho, Jorge y Margarita– que pasamos juntos sin parar la pata: Toledo, El Escorial, Segovia y después zapateando el Madrid de 1983, sus museos, sus iglesias, sus calles, sus parques –en El Retiro, bajo un frío que pelaba, hicimos una lectura rememorando las del Parque Lenin–, sus librerías, sus tugurios, sin excluir, desde luego, Los tres cerditos –el más famoso y no menos tenebroso restaurante cubano de la época– donde en los años 70 trabajó amenizando las cenas Bobby Collazo (1916-1989) y el alucinante cine Carretas, ambos lugares ya hoy desaparecidos.

Una noche, pocos días antes de su partida, nos reunimos en casa mi amigo Pío Serrano –con quien estoy en eterna deuda de gratitud y cada vez que pueda lo repetiré, pues fue él quien, sin conocerme, ayudó a gestionar mi salida de Cuba– con Germán Puig y Gastón Baquero (1914-1997).

Hacía mucho frío esa noche, recogí a Rey en su nuevo hotel –unos amigos en Miami le habían recomendado uno barato en la Calle de la Ballesta, en pleno barrio de putas, y ni siquiera la terrible Tétrica Mofeta pudo sobrevivir a la primera noche; me llamó a gritos por teléfono para que lo sacara de allí y lo llevara a tierras más apacibles– y atravesamos todo el viejo Madrid hasta el número 3 de la calle León donde, en el tercer piso, vivía Pío en compañía de la que era entonces su esposa, mi siempre bien recordada y querida amiga, Edith

Llerena (1936-2006). Era un piso, como se dice por allá, bonito y acogedor, con una reproducción, muy bien enmarcada, a mano derecha cuando uno entraba, de *El jardín de las delicias* del Bosco, de la cual Rey y yo nos enamoramos enseguida –al extremo que al día siguiente corrimos al Prado y nos compramos una cada uno; él pagó por las dos, pues yo andaba con una mano delante y la otra atrás y así sigo–. La mía, aún la conservo.

La tertulia fue en el salón principal que tenía su chimenea con fuego auténtico. Yo miraba a Edith, de rodillas junto al hogar acomodando los maderos y moviéndolos con unas largas tenazas, mientras un calor rico, natural, vivificaba el ambiente. Era algo que sólo había visto en películas y me tenía fascinado. Sentí deseos de acurrucarme allí y no moverme más. En algún momento tendré que escribir de aquella noche, que para mí fue mágica por muchos motivos. Baste ahora decir que la imponente presencia de Gastón, que destilaba eso que llaman "clase" por los cuatro costados, impecablemente ataviado y enfundado en un sobretodo color crema, llenó la noche. Un grande entre los grandes narrando sus historias y nosotros, simple mortales, disfrutándolas. Tarde nos fuimos Rey y yo –Germán nos acompañó en un recorrido por los tugurios que rodean la Plaza Mayor– y lo dejé en la puerta de su hotel. Se veía feliz.

Hoy, a 25 años de su muerte, el 7 de diciembre de 1990, el estupor todavía nos acompaña, pero no porque hayamos olvidado. Cargamos con los muertos, sobrevivimos con ellos. Miro hacia atrás y veo cadáveres, miles de cadáveres sembrados en más de medio siglo de horror institucionalizado. Mejor lo dejo aquí. Me voy a leer *Otra vez el mar*. Empezaré por el canto cuarto… ¿Quién va a comenzar el Canto?

En Miami, exilio, 27 de octubre del 2015

DOLOR. PASIÓN. COMPASIÓN. SENSIBILIDAD

El 13 de febrero se inauguró en el Museo de la Ciencia de Londres una insólita, inquietante y no exenta de polémica exposición, *PAIN. Passion. Compassion. Sensibility.* (*DOLOR. Pasión. Compasión. Sensibilidad*, en castellano) que estará abierta hasta el 20 de junio de este año. La exhibición ha sido organizada por Wellcome Trust, bajo la dirección del Dr. Ken Arnold en colaboración con el propio museo. Su comisario, el profesor de Historia y Filosofía de la Ciencia de la Universidad de Murcia, Javier Moscoso y autor, entre otros, de *Dolor privado, sensibilidad pública* (Biblioteca Valenciana, 2002) es un estudioso y un gran conocedor del tema. A propósito del debate que ha generado la exposición, Moscoso apuntaba hace poco que "la controversia se produce desde el momento en que, para un sector minoritario de la sociedad británica, este museo representa el triunfo de la Ilustración frente a la barbarie, del conocimiento frente a la superstición y la ignorancia, o del progreso frente al estancamiento tecnológico. Para estos defensores de la concepción victoriana de la ciencia, la representación en el mismo espacio expositivo de un Cristo de madera policromada de

1699 y uno de los eterizadores utilizados por Lister constituye una amenaza al carácter objetivo del conocimiento, así como una concesión sin paliativos al relativismo cultural".

PAIN... penetra, mediante la yuxtaposición de elementos históricos y contemporáneos –como pueden ser una simple aspirina y un potro de tortura usado por la Inquisición–, en las entrañas mismas del dolor con la intención de escudriñar su significado, de hacer tangible un elemento inevitablemente asociado a la vida, pero al que se elude mirar de frente. La ciencia, la medicina, la historia –en especial las actitudes hacia el dolor en la Inglaterra victoriana– y la cultura –el erotismo y el dolor–, son los cuatro aspectos fundamentales contemplados en la muestra, que, en palabras de Moscoso "sólo intenta generar un espacio de reflexión sobre nuestras formas de relación con este objeto variable del conocimiento y la cultura".

Es innegable que el dolor, en cualquiera de sus múltiples manifestaciones físicas o mentales, siempre, de alguna irremediable manera, se hace presente en toda persona, en sus afectos personales, en las gentes con las que se relaciona o simplemente en los espectáculos televisivos, el cine o la propia calle –desde un accidente hasta un crimen–, de ahí la atención que ha provocado en los medios de comunicación y en el público en general, esta exposición.

PAIN... explora cómo el ser humano, a través de la historia, se ha enfrentado al dolor, los métodos con los que ha intentado reducirlo o los mecanismos empleados para provocarlo. Cómo se siente, cómo se percibe, cómo se combate –y también cómo se padece o cómo se disfruta–, porque la exploración temática abarca asuntos tan sensitivos como la amputación de miembros, la circuncisión, el parto, la tortura, el masoquismo y el sadismo.

La historia de la humanidad corre pareja con el dolor. Se puede seguir el desarrollo de la primera estudiando al segundo. El ser humano es el centro de una extraña y compleja dicotomía que por un lado incluye a médicos, científicos, investigadores e intelectuales de todo tipo, que han dedicado su vida a documentar y comprender los mecanismos del dolor con la intención de suprimir, o al menos paliar su fuerza avasalladora; y por el otro, a engendros –a veces también médicos, científicos, investigadores e intelectuales de todo tipo, para no hablar de dictadores y caudillos– empeñados en producir dolor en nombre de cualquier fanatismo ya sea étnico, político o religioso –desde la creación de monstruosas armas letales hasta refinados métodos de tortura que prolongan la agonía–. Basta echar una ojeada hacia cualquier rincón de la historia –y del planeta– para comprobar lo que un ser humano es capaz de conseguir en uno u otro sentido.

Existe muy buena literatura sobre el tema; para adentrarse en él, basta con asomarse a algunos de estos textos: *Sobre el dolor,* Ernst Jünger (Tusquets, 2003); *El problema del dolor,* C. S. Lewis (Anagrama, 2002); y también, desde luego, *Consideraciones acerca del pecado, el dolor, la esperanza y el camino verdadero,* de Kafka, en la excelente traducción de Elizabeth Shelley, publicado en Barcelona el año pasado (Edicomunicación); *El dolor,* Marguerite Duras (Alba, 1999); *La enfermedad y sus metáforas, El sida y sus metáforas,* Susan Sontag (Alfaguara, 2003) y, en otra cuerda, *El dolor* de Giusseppe Ungaretti (Igitur, 2000). Entre muchos otros.

La vida humana es –fuera de toda retórica– el más preciado de los dones; pero en las sociedades modernas, este valor universal está siendo tasado como mercancía. Todo tiene un precio, incluso el dolor. Esta exposición resulta entonces una ventana abierta por donde atisbar hacia el pasado y hacia el futuro del género humano. En ella es posible contemplar, asépticamente, las dos caras de la civilización. La gloria y el horror.

Para más información sobre *PAIN. Passion. Compassion. Sensibility.* puede visitarse la página *web,* en inglés:

http://www.sciencemuseum.org.uk/exhibitions/pain/index.asp

marzo del 2004

SI LOS LIBROS SON FUERTES, VIVIRÁN. SI SON DÉBILES, DESAPARECERÁN

Aunque la obra del Premio Nobel de Literatura de este año, Sir Vidia Naipaul es prácticamente desconocida para una gran parte de la población de habla hispana, el fenómeno no se debe a que no existan traducciones de su extensa producción. Seix Barral publicó a principios de la década de los ochenta la que tal vez sea la más famosa de sus novelas y para no pocos entendidos su mejor trabajo, *Una casa para el señor Biswas*, seguida de *El curandero místico* –que próximamente publicará Debate, con nueva traducción y nuevo título–, *El regreso de Eva Perón* y *Los simuladores*. Planeta también publicaría en 1997 esta última novela. En esa misma década Ediciones Quarto publicó una de sus obras más controversiales, *Entre los creyentes: un viaje por tierras del islam*. La editorial Destino por su parte daría a conocer en 1976 *En un estado libre*, donde el autor juega ya con esa mezcla de realidad y ficción, tan característica de su modo de concebir la literatura y que según algunos críticos, es una de las claves de su éxito. Debate publicó en 1995, *Un camino en el mundo* y hace un par de años recuperó *Una casa para el señor Biswas*. *India*, otro de sus libros básicos, fue publicado en 1998 y este año acaba de aparecer *La pérdida de*

El Dorado. La mayor parte de todos estos libros ya han desaparecido de los estantes de las librerías y las editoriales han entrado en una aparatosa carrera de reimpresión, nuevas ediciones y nuevas traducciones.

Ya se sabe que si nos tomamos la molestia de leer el casi centenar de nombres galardonados con el Premio Nobel de Literatura en su primer siglo de existencia, comprobaremos que una gran parte de ellos, empezando por el primero y terminando por algunos de los últimos, han sido ya justamente olvidados. Pero todos los premios son así, y quizás éste más que cualquier otro, por su fama mundial de máximo galardón, con sus indiscutibles aciertos –Thomas Mann, Albert Camus, William Faulkner– y sus grandes ausencias, entre las que figuran, por sólo seguir con la acostumbrada troika, Marcel Proust, James Joyce y Jorge Luis Borges, nombres sin los cuales es difícil escribir la historia de la literatura del siglo XX. Si se desea complicar la cosa, podríamos agregar a Frank Kafka.

La incógnita con Vidiadhar Surajprasad Naipaul, conocido donde es conocido por V. S. Naipaul, y Vidia o Sir Vidia, por sus amigos, está por despejarse. Nacido en Chaguanas, un pueblo de la isla de Trinidad en 1932 con sus ancestros en la India y educado en Oxford es considerado por muchos como el mejor novelista en lengua inglesa de la actualidad. Gran viajero en busca de sus raíces, una especie de eterno extranjero, ha recorrido Pakistán, India, Irán, Zaire; pero también

Granada, Venezuela o la Argentina. Polémico, controversial, de un humor suave a veces y otras sarcástico, las opiniones sobre su obra y su persona están muy divididas. Para Vargas Llosa "es un maestro diciendo impertinencias y decepcionando a sus admiradores". Cabrera Infante, en una nota aparecida recientemente en un diario madrileño apuntaba: "Por fin el Premio Nobel no ha ido a engrosar las filas de los políticamente correctos. V. S. Naipaul es, si acaso, políticamente incorrecto: dice siempre su verdad sin oportunismos ni demagogias. Es, lo he dicho otras veces, el mejor escritor actual de prosa inglesa". Per Westberg, que forma parte del comité Nobel, lo calificó de "egocéntrico, maligno, con un carácter difícil (...), pero con unas ideas muy claras y una forma de escribir única". Para Armas Marcelo es un "escritor *inconveniente*, digno de fatwa para los fanáticos (...), azote de las mentiras de las ideologías esencialistas, viajero impertinente y uno de los grandes escritores que proceden de los confines asiáticos y caribes del Imperio Británico". Rafael Conte lo califica de "colonizado colonizador". Pero el propio Vidia no se inmuta. Tiene fama de cascarrabias. No hace mucho declaró que E. M. Foster no era más que un homosexual desagradable y que lo que escribía era "auténtica basura". Algunos de sus textos han cobrado en la actualidad una vigencia estremecedora: "Impresiona el extremismo de los líderes afganos, aunque no podrán continuar actuando así por mucho más tiempo. Nadie aceptará a la larga una forma de gobierno que mata". Quiero terminar esta breve nota con otras palabras suyas: "He pagado el precio de hacer cosas nuevas. Pero es mi naturaleza no volver a hacer lo que ya he hecho. La gente no ha entendido nada y ha dicho tonterías. No importa. Si los libros son fuertes, vivirán. Si son débiles, desaparecerán".

(2001)

MI GENERACIÓN

Mi generación no vio al hombre llegar a la luna. Esas imágenes que ahora están por dondequiera y que todo el mundo reconoce, nosotros, nunca las vimos. No se transmitieron por la televisión. Tampoco el radio dijo nada, ni nada se publicó en la prensa. Sólo tres líneas incomprensibles en la sección Hilo Directo: de la nave tal se desprendió el módulo tal y se efectuó el descenso, o algo por el estilo. Ese día el gran titular del Granma celebraba la hazaña de no me acuerdo qué cosmonauta ruso que completaba un número presuntamente extraordinario de vueltas a la tierra. Nada supimos del mayo francés ni de esa juventud melenuda que gritaba ¡la imaginación al poder! Mientras existieron, nunca oímos por la radio a Los Beatles, ni vimos la portada de un disco ni una foto publicada en la prensa. Sólo en una ocasión tuvimos la oportunidad de verlos. No se anunció en ninguna parte, pero la noticia se regó como pólvora. En un noticiero ICAIC de Santiago Álvarez, de ésos que había que soportar estoicamente con cada película, se ridiculizaba al grupo con las imágenes de unos simpáticos monitos bailando mientras la banda sonora nos regalaba el Rock Beethoven. Se intercalaban fotos –montadas a velocidad supersónica– de los integrantes del grupo vestidos de pistoleros y en el momento culminante, por unos segundos, SE VEÍA a los Beatles tocando. Claro, la escena estaba tomada como a través de un anteojo puesto al revés, empequeñecida en una infinita lejanía. De más está decir que las colas y las multitudes en los cines requerían de fuerte presencia policíaca. Creo que fue la única vez que la gente hizo cola por ver un noticiero de Santiago Álvarez. Y lo repetían.

Mi generación creció sin tocar una lata de refresco. Sólo las vio en películas norteamericanas pirateadas por el propio gobierno, de ésas que venían con el consabido cartelito de "esta cinta ha sido reconstruida con varias copias de uso" y se excusaban por las deficiencias que pudiera presentar la proyección. Normalmente eran en blanco y negro, pero a veces nos torturaban con una versión popularmente denominada en "castrocolor". Ésas eran las peores, pues había que adivinar, entre los cortes de la censura, qué significaban aquellas manchas verdosas o azulosas que se sucedían en la pantalla. Todo un ejercicio imaginativo. Así que idealizamos las latas de refrescos y hasta soñábamos con esos portentos que no necesitaban refrigeración, pues, según se decía, se enfriaban al abrirlos.

Mi generación no era capaz de imaginar el libre mercado que, juraban las malas lenguas, existía en otros países. A cambio, éramos expertos en los cupones de la libreta –en realidad una hoja– de "productos industriales". Especulábamos sobre qué sacarían este trimestre por el cupón 49 y si tendríamos que optar otra vez entre los repuestos para bolígrafos o las presillas para el pelo. Mi generación se hizo erudita en colas y en su metalenguaje: "¿Quién es el último? ¿Y detrás de quién usted va? Conmigo vienen diez. Yo estoy rotando. Marca para mí".

Mi generación creció acosada. Teníamos un Comité de Defensa de la Revolución en cada cuadra que vigilaba todos nuestros movimientos. Quién entraba o quién salía de la casa y con qué paquetes –para quedarse a dormir había que solicitar una autorización en el Seccional de los Comités avalada por el modelo RD3 rojo, o azul, según el tiempo de estancia, hasta un máximo de tres días–. Aprendimos a hablar en voz baja dentro de la casa y a escribir a máquina con el radio a toda voz para que no se escuchara el tecleo. Los libros que necesitábamos leer, las películas que queríamos ver, la música que deseábamos escuchar estaban prohibidos. A mi generación la pelaron al rape. Las camisas anchas, los pantalones estrechos, las melenas, las sandalias, los cintos con hebillas, los radios portátiles, eran "diversionismo ideológico" y desde luego, perseguidos y sancionados.

Mi generación con catorce años se fue alfabetizar, a recoger café y a subir, cinco veces, el Pico Turquino. En el año en que cumplió los dieciséis debió inscribirse para el Servicio Militar Obligatorio. Duraba tres años y meses. Tuvo que apuntarse para ir a pelear a Viet Nam. Después cumplió "misiones internacionalistas" en África y en América Latina. También conoció la Unidades Militares de Ayuda a la Producción (UMAP) y El Ejército Juvenil del Trabajo (EJT). A mi generación la fusilaron. Sufrió la cárcel, el exilio y la muerte en tierra extraña. La familia partida por el mar.

Somos la generación del chícharo y la croqueta del cielo, el Cordón de La Habana, las cortinas rompevientos, los muñequitos rusos, el café caturra y los cupones cancelados.

Para qué seguir. Es un milagro si aún estamos vivos.

En Miami, 5 de agosto de 2000

EL CENTENARIO DE WITOLD GOMBROWICZ EN LA RED

El polaco Witold Gombrowicz, uno de los escritores más apasionantes y tal vez de los más desconocidos del siglo XXI, nace el 4 de agosto de 1904 en Maloszyce, a unos 200 kilómetros al sur de Varsovia en el seno de una familia acomodada. Estudia Derecho en la Universidad de Varsovia graduándose en 1926. Los tres años siguientes los pasa en París y luego regresa a Polonia donde comienza a frecuentar las tertulias literarias. En 1933 publica el libro de cuentos *Memorias del tiempo de la inmadurez* y en 1937 su novela, *Ferdydurke*. Al año siguiente lo invitan a inaugurar un crucero entre Polonia y Argentina y se embarca sin dudarlo mucho. Pensaba estar sólo unos meses en Buenos Aires pero estalla la guerra en Europa, Hitler invade su país y decide quedarse. Su estadía duraría 24 años, casi un cuarto de siglo.

En Argentina sobrevive muy pobremente, no es muy bien visto por los intelectuales de la órbita del grupo Sur. Ernesto Sábato lo describiría así: "Era un individuo flaco, muy nervioso, que chupaba ávidamente su cigarrillo, que desdeñosamente emitía juicios arrogantes e inesperados. Parecía helado y cerebral. Era difícil adivinar debajo de esa coraza el cálido fondo humano que latía en aquel extraño exiliado vagamente conde, pero auténticamente aristócrata". En Buenos Aires Gombrowicz conoce al escritor cubano Virgilio Piñera, otro ser marginal y transgresor, se hacen muy amigos, y juntos crean el "comité de traducción" de *Ferdydurke* que presidiría el autor de *La isla en peso*. Casi cuarenta personas se reunían en el Café Rex de la calle Corrientes para las acaloradas discusiones –generosamente regadas con buen vino y largas partidas de ajedrez–, hasta concluir la difícil tarea. Hoy esa edición argentina es una verdadera joya de coleccionistas.

"Los dos problemas capitales de *Ferdydurke*" –dice el propio Gombrowicz en el prólogo a la edición argentina– "son: el de la Inmadurez y el de la Forma. Es un hecho que los hombres están obligados a ocultar su inmadurez, pues a la exteriorización sólo se presta lo que ya está maduro en nosotros. *Ferdydurke* plantea esta pregunta: ¿no veis que vuestra madurez exterior es una ficción y que todo lo que podéis expresar no corresponde a vuestra realidad íntima? Mientras fingís ser maduros vivís, en realidad, en un mundo bien distinto. Si no lográis juntar de algún modo más estrecho esos dos mundos, la cultura será siempre para vosotros un instrumento de engaño".

Obra maestra indiscutible, *Ferdydurke*, plantea, en esencia, la lucha entre el individuo y el caos, utilizando para su elaboración herramientas propias del existencialismo, doctrina que como tal no se popularizaría hasta muchos años después –téngase en cuenta que Gombrowicz escribe su novela en

1936–. Muchos de sus tópicos ya están ahí, la nada, la autenticidad, la angustia existencial, el amor a la libertad, la sinceridad desnuda y, por supuesto, el absurdo. La Inmadurez del hombre ante el caos: un hombre infantilizado que trata continuamente de definirse sin conseguirlo, porque, entre otras razones, sus coordenadas –tiempo y espacio– cambian también constantemente, desvirtuando cualquier esfuerzo. Y todo esto aderezado por su obsesión casi patológica por la Forma, el envase, que en este caso se traduce, además, en técnica narrativa.

Gombrowicz edita en Argentina la mayor parte de su obra, entre ellas, *El casamiento* (1944-45), *Trasatlántico* (1953) y *Pornografía* (1960), también publicada en español como *La seducción*. En 1964 regresa a Europa y en 1967 es uno de los candidatos al Premio Nobel. Su novela *Cosmos* (1964) obtuvo el Premio de Literatura Formentor y el Prix International de Littérature en Francia. Unos meses antes de su muerte se casa con Marie-Rita Labrosse, que fuera su secretaria desde 1964. Entre el 27 de abril y el 25 de mayo de 1969, Gombrowicz "dicta" en su domicilio de Vence, en los Alpes Marítimos franceses un curso de filosofía furiosamente antiacadémico –editado en español hace poco bajo el título *Curso de filosofía en seis horas y cuarto*–. Sus "alumnos" eran su esposa Rita y su buen amigo, el poeta Dominique de Roux, coautor de un libro de entrevistas a Gombrowicz publicado un año antes. En realidad, el curso era un recurso de última hora del amigo para levantarle el ánimo al escritor, que enfermo de muerte y muy deprimido, coqueteaba abiertamente con la idea del suicidio. Gombrowicz, agotado por su asma crónica, moriría apenas dos meses después, el 24 de julio de 1969.

Ahora, que se celebra su centenario, felizmente se están reeditando todas sus obras.

Hay numerosas páginas en la Red dedicadas a Gombrowicz. Entre las más interesantes en español se destacan:

www.literatura.org/wg/gea.htm.

Aquí se pueden leer el prólogo que el propio Gombrowicz escribió para la primera edición argentina de *Ferdydurke* y el que escribiera Ernesto Sábato para la edición de 1964. También artículos sobre la obra del maestro polaco de Juan José Saer, Blas Matamoro y Ricardo Piglia –Premio Planeta 1997 por *Plata quemada*– quien llega a afirmar que "el mejor escritor argentino del siglo XX es Witold Gombrowicz". También fragmentos del *Diario argentino* (1967) y el texto *Filifor forrado de niño*.

www.magicaweb.com/gombrowicz/

Este interesantísimo portal recoge el trabajo de Eduardo Giménez, "*Witold Gombrowicz, en el centenario de su nacimiento. Documentos inéditos*". Fotocopias manuscritas de

Gombrowicz de sus años relacionados con el Banco Polaco de Buenos Aires, así como fotografías y una amena síntesis biográfica.

www.lateral-ed.es/revista/articulos/066gombrowicz.html

Lateral, la prestigiosa revista que dirige en Barcelona Mihály Dés, mantiene en su portal, parte del epistolario –1904 y 1969– entre Gombrowicz y Juan Carlos Gómez, un amigo argentino, donde se muestra "la mordaz ironía del autor de *Ferdydurke*".

(2004)

ZÓCALO DE MÉXICO

Zócalo es el término que usan los mexicanos para denominar a la plaza principal de una ciudad o pueblo, un espacio amplio, rodeado de edificios entre los que generalmente se encuentran el palacio municipal, dependencias gubernamentales y la iglesia. El origen del nombre es muy curioso, siendo presidente el general Antonio López de Santa Anna, en 1843, encarga al arquitecto español establecido en México, Lorenzo de la Hidalga (1810-1872) la construcción de un monumento dedicado a la memoria de los héroes de la Independencia, pero por diversas razones sólo llegó a terminar el zócalo, es decir, el basamento de la obra que le encargara el presidente. Jamás se llegó a levantar en ese sitio dicho monumento, quedando durante años únicamente el zócalo, razón por la cual el pueblo comenzó a llamar a la Plaza de la Constitución por ese nombre, Zócalo, costumbre que con el tiempo se extendió al resto del país.

El Zócalo de la Ciudad de México destaca por su inmensidad y por ser el más importante de todo el país. Es una de las plazas más grande del mundo, sólo superada por la de Tiananmen en China, la Plaza Roja de Moscú y la de Monterrey, en el propio territorio mexicano. En su perímetro se encuentra el Palacio, así como la Catedral y otras edificaciones de suma importancia social, política y económica. En la ciudad de México el Zócalo es también un espacio donde se mezclan el pasado y el presente, la tradición y la modernidad. Sobre y bajo los cimientos de esta plaza monumental, se funden siglos de cruenta historia, de cultura y de orgullo nacional.

En lo que hoy en día es el Zócalo de México y en sus alrededores se encontraba uno de los centros ceremoniales del imperio azteca, el Templo Mayor. Allí entre sus islotes y ricos manantiales se levantaba majestuosa la capital del imperio azteca. Fue el lugar vaticinado por los sacerdotes, donde después de mucho andar, este pueblo guerrero encontró sobre un nopal, un águila devorando una serpiente. Era la señal del sitio elegido por los dioses donde debían construirse sus templos dedicados, en primer lugar, a Tláloc, divinidad de las agua y Huitzilopochtli, dios de la guerra. Así que comenzaron a edificar una enorme plaza rodeada de templos y adoratorios. Para ellos, ese era el centro del universo, el lugar desde el cual irradiaría su poder y dominio sobre los pueblos. Los aztecas llegaron a crear un poderoso imperio y al islote donde construyeron su centro ceremonial y su ciudad lo llamaron Gran Tenochtitlán.

El 13 de agosto de 1521, después de más de dos meses de sitio, la mítica Tenochtitlán cae ante los españoles y los miles de guerreros que los apoyaron. Hernán Cortés entró a una ciudad arrasada, desolación, ruinas y mucha sangre contemplaron sus ojos. Más tarde, después de serias dudas, cuando los españoles establecieron sus dominios en el área, comenzaron a levantar nuevas edificaciones alrededor y sobre los templos y palacios construidos por los aztecas, utilizando en muchos casos las mismas piedras. Cortés le dio la encomienda a su alarife, el urbanista y aventurero español Alonso García Bravo (1490-1561) de realizar el trazado de la nueva ciudad colonial, conservando las tres calzadas prehispánicas: Iztapalapa, Tlacopan y Tepeyac. Se aprovechó la existencia de la enorme plaza rodeada de templos para dar inicio a la construcción de las edificaciones. Una de las primeras huellas de la presencia española que se aprecia en el Zócalo capitalino es el Palacio del Virrey, convertido con el tiempo en el actual Palacio Nacional. De manera que el centro de gobierno de México se erigió en los terrenos donde en su momento estuvo, sucesivamente, el Palacio de Moctezuma, la casa de Cortés y la del Virrey. Es un conjunto de edificaciones en cuyos salones, corredores y espectaculares escaleras se pueden apreciar, entre otras cosas, cinco murales que Diego Rivera, el recinto en homenaje a Benito Juárez, el Salón Juárez y la Galería de los Insurgentes y la de los Presidentes. Por algunos de sus balcones se asomaron en su momento personalidades de la talla de Fray Servando Teresa de Mier y el poeta cubano José María Heredia.

A un lado de la plaza los españoles edificaron la Catedral Metropolitana con su imponente fachada barroca y neoclásica, sus cinco naves y 16 capillas laterales que invitan al recogimiento, en la misma zona donde se hallaba parte del Templo Mayor azteca. En la actualidad un sector del mismo puede ser visitado y en el museo anexo es posible admirar impresionantes ofrendas encontradas en las excavaciones y una piedra colosal de la diosa Coyolxauhqui, así como maquetas que dan una idea de la monumentalidad del sitio.

En otro costado, se establecieron varios comercios que posteriormente dieron origen al llamado Portal de Mercaderes y finalmente en el extremo sur de la plaza se construyó el Palacio del Ayuntamiento de la Ciudad de México. De manera que quedaba la plaza encerrada con edificaciones en los cuatro puntos cardinales. Los españoles lo llamaron, como era costumbre en Europa, Plaza Mayor y así fue conocida hasta que se le rebautizó como Plaza de la Constitución, para conmemorar su promulgación en 1812. Luego de la independencia de la Nueva España de la metrópoli ibérica, la Plaza Mayor o Plaza de la Constitución continuó cambiando su nombre poco a poco hasta llegar a convertirse, como ya dijimos, en el Zócalo de México.

Hoy en día el Zócalo es también el punto neurálgico de la vida en la ciudad de México, lugar donde se celebran las fechas nacionales y se despide el año. En ese lugar los mexicanos han escrito su historia desde los tiempos prehispánicos de los aztecas, pasando por el Virreinato con la entronización de reyes y virreyes. También allí, con la inmensa bandera patria en el centro, acuden las personalidades invitadas a eventos oficiales y se ofrecen actividades culturales. Es un lugar único, cargado de magia y de historia, que una vez visitado, jamás podrá olvidarse.

25 de septiembre del 2006

ANTONIO ABREU, MI PADRE
(1917-1999)

Pipo, esto es para ti por el Día de los Padres.

Mi padre decía que nunca le celebraron un cumpleaños. Tampoco tuvo jamás regalos por el Día de Reyes. No era una queja, lo mencionaba como algo curioso, y quizás para justificar un poco su manía por atesorar cuanto juguetico se encontraba. Nació, al igual que sus cinco hermanos, en Alquízar, un pueblo a 42 km al suroeste de La Habana. Era el más pequeño de una familia campesina que vivía en un bohío de piso de tierra y techo de guano. Uno de los hermanos murió antes de cumplir el año. Mi padre, que entonces apenas aprendía a caminar, lo recuerda. Contaba que era un muchacho muy hermoso, que todo el mundo lo celebraba y que murió de un "mal de ojo". Poco después mi abuelo abandonó a la familia, se fue sin decir adiós, y a mi abuela no le quedó más remedio que cargar con los cuatro hijos que le quedaban y mudarse para La Habana donde había más posibilidades de sobrevivir.

Corrían los primeros años veinte del siglo pasado. Mi abuela puso a pupilo, como se decía entonces, a todos los niños en distintos colegios. Los domingos, no todos, hacía un recorrido por los recintos donde estaban las hembras y los varones. El resto de la semana cosía como una mula para las monjas de un convento. Mi padre estuvo primero en el Preventorio Martí de Cojímar para niños tuberculosos y cuando por la edad no lo pudieron tener más allí, lo pusieron en María Jaén, en Marianao. Como era el más pequeño, recordaba muy vagamente el rostro de su padre. No le gustaba hablar de ese tiempo. Tenía nueve años cuando el ciclón del 26, que pasó en María Jaén, y recuerda las avionetas amarillas del cercano Columbia, los zines de los techos de las barracas, desprendiéndose, y volando los burros del Monte Barreto.

Cuando tenía catorce años logró con una hermana, que se carteaba con el padre, conseguir su dirección y le escribió una carta pidiéndole que lo sacara de allí. Un día estaba con un amigo, todavía no los habían acostado, por lo que asegura que no fue un sueño, vio a un hombre alto, de pelo y bigote muy negros, parado del otro lado de la puerta. Era una de esas puertas de dos hojas que no llegan arriba ni abajo, como se ven a la entrada de los bares en las películas del oeste, por lo que sólo podía distinguir los pies y del pecho hacia la cara. Lo miraba sin hablarle, se lo señaló a su amigo pero éste no vio a nadie. El domingo siguiente el hombre que los cuidaba vino a avisarle que tenía visita. Él acudió temeroso pues, excepto su madre, nadie lo visitaba. Y allí estaba aquel hombre, que se le había aparecido como un fantasma. El hombre le preguntó si sabía quién era. Y él respondió: "usted es mi padre, yo lo vi la otra vez que vino". El hombre negó con la cabeza, era su primera visita. Le dijo que había recibido su carta, que había hablado con su madre y que estuvo de acuerdo en que se fuera con él.

Mi abuelo empezaba entonces un negocio vendiendo miel de abeja que el mismo envasaba, y mi padre lo ayudaba, pero todas las noches caminaba más de dos kilómetros para ir a dormir a casa de su madre. Estuvo trabajando con el padre muchos años. El negocio prosperó y ya tenían hasta dos camiones que transportaban la mercancía y la repartían por toda La Habana. Vendían miel de abeja pura, vainilla, "melao" de caña y un mojo isleño que preparaba personalmente mi abuelo.

A principio de los años cuarenta conoció a mi madre, que no había tenido lo que se dice "una infancia feliz". Huérfana de madre desde los cuatro años fue criada por una madrastra muy dura. Esta sequedad la compensaba el cariño de su abuela materna. La abuela, una isleña de armas tomar, convivía (su marido y padre de sus hijos había muerto en Ceuta) en una cuartería de Marqués de la Torre, Jesús del Monte, con un negro bonachón que coleccionaba cajitas de fósforos y que trabajaba en los tranvías. Pronto mis padres se fueron a vivir juntos y tuvieron cuatro hijos. Salvo pequeños períodos que intentó independizarse, siempre trabajó con el padre hasta que después del triunfo de la revolución le intervinieron el negocio. Mi abuelo murió esperando una autorización para salir del país que nunca le llegó. Era masón y Caballero de la Luz y yo recuerdo los ritos que se hicieron en la funeraria.

Con el comunismo destruyendo sistemática y minuciosamente todo vestigio de libertad y progreso, mi padre siguió luchando como pudo por sostener a la familia. Trabajó de dependiente en bares, cafeterías y pizzerías. Fue basurero y limpiabotas. En 1980, con el éxodo del Mariel, la familia empezó a desbandarse. Dos años después, con 65 años, se fue con mi madre al exilio. A España. Allí recogió cartones y chatarra (de paso reinventó el carretón, pero esa es otra historia) hasta que pudo reunirse en Miami con sus hijos. Sus últimos años los vivió feliz, haciendo lo que le gustaba. La buena comida, el dominó y su cerveza fría. En Miami le celebraron todos los cumpleaños y siguió con su manía de coleccionar juguetes. Gran jodedor, nunca perdió el sentido del humor. Confiaba en llegar al año 2000 y ver a Cuba libre de ese cáncer que es el comunismo. Y regresar. No pudo ser. Está enterrado en Miami.

13 de junio del 2014

¿OBAMA QUÉ?

Desde que se supo que la Ley del Cuidado de la Salud Asequible sería obligatoria y que los que no la acataran serían castigados con una multa, me dije que había gato encerrado, que algo no encajaba correctamente. ¿Quién no iba a querer tener un seguro médico asequible, como anunciaban? ¿Qué mayor castigo –en realidad, qué mayor tragedia– podía sufrir una persona o una familia que no tener eso que en este país llaman, eufemísticamente, Seguro Médico? ¿Y encima lo iban a amenazar con una multa? Esa contradicción estaba fuera de toda lógica.

Se suponía, además, que en este país donde la medicina es una industria, al igual que la farmacéutica, es decir un negocio, algo destinado a ganar dinero y donde del cliente parece que sólo importa la chequera –de ahí el cúmulo prácticamente insalvable de regulaciones que impedían o dificultaban disparando los precios, que una persona con algún padecimiento, presión alta o diabetes, eso que agrupaban graciosamente bajo la sombrilla de "condiciones preexistentes", pudiera obtener una cobertura médica–, millones de personas sin seguro médico, acudirían en masa a cubrir esa necesidad. La ley conocida como Obamacare eliminaba esa inmoralidad, lo cual, por otro lado, era un punto a su favor.

Sin embargo, el resultado no ha sido el esperado por las personas. Los planes, en general, no son asequibles, sino más bien incosteables. Y, al menos para mí, eso es algo incomprensible. Pongamos dos ejemplos. UNO: Si en un pueblo existe un solo fabricante de determinado producto, la oferta y la demanda, determinan su precio. Si existen varios fabricantes, entrará en juego, además, la competencia, con el consumidor como beneficiario, tanto en precio como en calidad. DOS: Al comprar un producto el cliente pregunta el precio y el comerciante se lo dice. El precio está en función de lo que vimos en el primer ejemplo y para nada estaría relacionado con el salario del cliente, ya sea este un obrero de la construcción, un arquitecto o un desempleado. ¿Alguien puede pensar que entra en una tienda a comprar un cepillo de dientes y el dependiente le pide su Declaración de Impuestos para establecer cuánto le va a cobrar por el cepillo? Pues eso es exactamente lo que ocurre cuando una persona se inscribe o trata de inscribirse en el Obamacare.

No sé a qué mente retorcidamente mercantilista pudo habérsele ocurrido semejante aberración. La lógica indicaba que si de pronto habría millones de clientes nuevos, los precios del cuidado médico disminuyeran ostensiblemente, como en cualquier otro mercado, pero aquí ocurre lo contrario, aumentan hasta límites inimaginables, que obligan a las personas a "preferir" pagar la multa y seguir sin seguro médico.

Seguramente se argumentará que lo que pagan unos de más, servirá –aparte de disparar las ganancias– para compensar a los que pagan menos. No es un argumento ético ni justo. Que busquen fondos en otro lado. Y una pregunta más: ¿para dónde va el dinero de las multas y qué se haría con él?

No sé si los políticos van a renunciar a sus seguros cubiertos por los contribuyentes para acogerse al Obamacare, pero lo dudo.

La reforma al sistema de salud es algo imprescindible, pero no había que inventar el agua tibia. Hace mucho tiempo que está inventada. Bastaba con mirar hacia el norte, hacia Canadá, o hacia Europa y aprender de ellos. Tienen sistemas de salud que no son perfectos, pero cubren a todos sus naturales, incluyendo las medicinas y son más baratos. Amén que está el sector privado brindando opciones verdaderamente asequibles. Las multas y los castigos no aplican. Podría incluir aquí estadísticas, pero ya aburren y a nadie le importan.

Para concluir: El Obamacare parece una confabulación entre políticos, cabilderos y centros de salud –de alguna forma hay que llamarlos–, para enriquecer aún más a unos cuantos. ¿Obama qué?

2 de abril 2014

RETRATO DEL ARTISTA SUMISO

Al intelectual y al artista se les consideraba la conciencia, la voz, el rostro de una nación. Mientras más prestigio tuviera su obra, más peso adquiría su palabra. Su opinión sobre determinado asunto podía inclinar la balanza y zanjar una discusión. Pero todo esto ya, al menos en el caso cubano, ha pasado a ser prehistoria, agua ida, decadente y trasnochado romanticismo. Tras más de medio siglo de dictadura totalitaria hay un desgaste manifiesto, un cansancio ideológico, una apatía visceral. ¿Qué ha pasado con el cubano, especialmente en estos últimos veinte años? El artista –por abreviar incluyo en esta palabra todas las manifestaciones intelectuales creativas–, se ha transformado en un ente apolítico –no importa que haya escapado por el Mariel, en balsa, o solicitado asilo en cualquier frontera o aeropuerto–, más integrado que nunca a la manada nacional y con un instinto gregario hipersensibilizado, o hipertrofiado, que es difícil establecerlo. No está aquí por problemas políticos, sólo desea ampliar sus horizontes culturales y mejorar su economía. Este artista de nuevo formato no fue forzado, como sus colegas en las décadas del sesenta, setenta y ochenta, a romper lazos familiares y relaciones con sus afines y contemporáneos "desafectos" o que habían marchado al exilio –prohibido cartearse–. No fueron a la cárcel por intentar sacar un manuscrito del país y, aparentemente, no les pisaron los callos a menudo ni les patearon por donde suele ocurrir, lo suficiente, como para dejar huellas, algo en la memoria. Ni siquiera vivieron marginados en Cuba: publicaban, los premiaban, eran jefes de redacción de tal revista, estrenaban, exponían sin mayores contratiempos. La fórmula, al parecer, era muy sencilla, practicar la autocensura con entusiasmo y tener siempre presente que se podía jugar con la cadena pero jamás con el mono. Aquí, hacen ostentación, con orgullo patrio, de sus afiliaciones (a la UNEAC, por ejemplo) y de los premios y condecoraciones otorgados por la dictadura. Allá se portaron bien, fueron niños buenos, se abstuvieron de mencionar a nadie que no se podía mencionar hasta que lo autorizaban. Llegado ese momento se daban a la tarea de rescatar el legado del autor olvidado (convenientemente fallecido), sobre todo su etapa revolucionaria, si fueron comecandela, mejor, y resaltando lo que sufrieron lejos de su patria, lo que pasaron trabajando en supermercados donde comprar es un placer, pagando para poder publicar alguna cosilla, hasta que, finalmente, llenos de frustraciones, vegetaron hasta la muerte –o se volaron la cabeza– o, los más afortunados, regresaron, oh ventura, a la patria que los vio nacer.

Es curioso, pero, a la orden, todos se volvieron lezamianos, virgilianos y reinanianos. Sin mencionar –para qué hurgar en etapas superadas– que a Lezama, sólo por incordiar, le decomisaban hasta la medicina para el asma que le mandaba la hermana; que vivió los últimos años de su vida acosado y sin que se le publicara ni una línea (basta leer la escueta nota necrológica para imaginar la consideración que se le tenía entonces); que igual tratamiento recibió Virgilio, peor aún si cabe; y que a Reinaldo Arenas no pararon hasta meterlo en la cárcel. Los tres eran homosexuales, así que no podían esperar mucho de la revolución del macho cabrío. Algunos de estos artistas de la sumisión se especializaron en ellos y se convirtieron en expertos, en autoridades en la materia. Todos unos eruditos que dan conferencias en las universidades del mundo entero. Aquí, de visita en el norte revuelto y brutal que los desprecia, se reúnen con sus antiguos compañeros de estudio, trabajo (y fusil). Mendigan, porque generalmente hasta el pasaje y la estancia hay que pagárselos, se abastecen de champú y otras maravillas capitalistas y regresan a ponerse la mordaza y los dorados grilletes. Y todos tan felices. No hay rencores, somos hermanos, un solo pueblo, etc. Es que los tiempos han cambiado, argumentan. Por otro lado, cantantes, actores, pintores "del exilio" –ahora rebautizado como "diáspora"– viajan a la isla a dar conciertos, a participar en funciones teatrales, en películas o en exposiciones personales, colectivas, bienales, ferias, etc. Los escritores publican y presentan sus libros en la fortaleza de la Cabaña, a la sombra del Foso de los Laureles como si nada. Aclaremos que no todos. Algunos de allá no pueden salir, no se lo permiten o están en la cárcel. A algunos de aquí, aunque se humillan al máximo, no los dejan entrar, los tienen castigados. Unos pocos se acuerdan todavía de que son exiliados y siguen envejeciendo aferrados a una postura que los demás miran con desprecio y cierta lástima: Son fósiles en extinción, reliquias del pasado.

Ahora, la pregunta que me hago es: ¿Ya se acabó la dictadura y yo no me he enterado?

Publicado en Opiniones, el Nuevo Herald, el jueves **11 de junio de 2015.**

¿APUESTA FUERTE?

Los Centros Culturales de España, sembrados por el mundo, son espacios, como se lee en su página "a través de los cuales se desarrolla una intensa actividad de cooperación y desarrollo y promoción cultural, con la vocación de integrar su funcionamiento con los agentes locales y favorecer el conocimiento mutuo, en una relación de enriquecimiento recíproco, pues la oferta de los centros se nutre con la participación y la iniciativa de la población local". Pues bien, el Centro Cultural Español de Miami (CCEMiami) tiene también, al parecer, entre sus objetivos la participación en la capital del exilio cubano de grupos y personalidades que se destacan en el entorno de la dictadura cubana que, como se sabe, suma más de medio siglo de existencia. En esta ocasión, gracias al premio "Knight Arts Challenge" 2017, una iniciativa de John S. and James L. Knight Foundation, otorgado al CCEMiami, Microteatro presenta el proyecto Macrodirectores, en el cual según la información, "dos de las más prominentes autoridades del teatro iberoamericano" dirigirían una temporada cada uno. Los seleccionados para llevar a cabo la primera temporada del proyecto fueron Carlos Díaz, director del grupo teatral El Público, y el poeta Norge Espinosa, ambos cubanos de la Isla.

No sé cómo se hizo la selección –tal vez habría que preguntarle a Fundarte–, pero me temo que no se exploró "la iniciativa de la población local". ¿Se contactó a Mario Ernesto Sánchez o a Rolando Moreno, por sólo citar a dos de los más prominentes directores del patio? En estos tiempos difíciles que vive el teatro local hubiera sido bueno un estímulo como ése. En los últimos años han cerrado muchas salas: Teatro en Miami Estudio de Sandra y Ernesto García, que aparte de su programación regular realizaban TemFest anualmente, un festival de teatro local y otorgaban los Premios Baco; Akuara Teatro de Yvonne López Arenal y ArtSpoken de Yoshvani Medina. Sobreviven Habanafama de Juan Roca, que hace poco lanzó un SOS a través las redes sociales; Artefactus Teatro de Eddy Díaz Souza; José Manuel Domínguez y su Antihéroes Teatro, que ni siquiera tiene sala; y poco más. Tampoco sé qué otras "prominentes autoridades del teatro iberoamericano" se contemplaron para el proyecto. Tiendo a pensar que no se trató de una búsqueda muy exhaustiva.

Si le echamos una ojeada a la exclusiva EcuRed, que es la versión cubana de Wikipedia –inaccesible allá–, comprobamos la larga lista de premios y reconocimientos otorgados por la dictadura a ambos seleccionados. Carlos Díaz obtuvo el Premio Nacional de Teatro 2015 y en el 2014 Norge Espinosa fue condecorado con la Orden por la Cultura Nacional, "reconocimiento que otorga el Consejo de Estado de la República de Cuba, en virtud de la creación a favor de la identidad patria". Con esto quiero señalar que independientemente del talento y del mérito que puedan tener ambos creadores, y de que alguna vez hayan jugado con la cadena –nunca con el mono–, ninguno de los dos es ajeno al entorno cultural de la dictadura cubana. Ambos salen y entran de la Isla sin ninguna dificultad, estrenan dentro y fuera, sin que nadie se meta con ellos. No se puede decir lo mismo de algunos otros creadores de la Isla.

Este evento hubiera encajado muy bien en el Centro Cultural Español de La Habana, ése que a bombo y platillo inauguraron en el llamado edificio de las cariátides frente al malecón.

El CCEMiami está en su derecho, desde luego, de programar las actividades que estime pertinentes y de invitar a su espacio a quien tenga a bien. Incluso aquí, donde viven las víctimas de la dictadura. Hijos de fusilados, padres de ahogados tratando de escapar del infierno, gente que tuvo que salir con lo que llevaba puesto y comenzar de cero. Muchos de los cuales, con el tiempo, contribuyeron a hacer grande esta ciudad y hasta propiciar que existiera un Centro Cultural Español. Yo no diría que Macrodirectores es una "apuesta fuerte" como se ha escrito en la prensa y en la propaganda. Más bien es más de lo mismo. Yo, por mi parte, me reservo el derecho de no asistir.

Más información sobre los seleccionados en:

Carlos Díaz: https://www.ecured.cu/Carlos_D%C3%ADaz

Norge Espinosa:

https://www.ecured.cu/Norge_Espinosa_Mendoza

24 de abril de 2018

1984, CORREGIDO Y AUMENTADO

Uno de los valores más preciados y más celosamente guardados por nuestros padres y abuelos era, sin dudas, la privacidad. Tal virtud, en la actualidad, ya no existe o está a punto de expirar. Nadie nos la arrebató: nosotros mismos la hemos entregado. Gracias a las llamadas redes sociales, cualquiera tiene la posibilidad de convertirse, al menos en "su muro", en una estrella, una celebridad. Allí ponemos nuestras fotos y las de nuestra familia, informamos al mundo de adónde vamos, qué celebramos, dónde cenamos, si nos hospitalizaron y nos van a operar o de si hubo una desgracia en nuestro entorno. Esperamos que nuestros "amigos", a la mayoría de los cuales ni siquiera conocemos, nos den un "like" de aprobación (si no lo hacen, pues los borramos de la lista).

Por si fuera poco las famosas y temibles telepantallas que El Gran Hermano colocaba estratégicamente para vigilarnos en el mundo de Orwell, ya no son necesarias (no pensemos en las cámaras que hay en cada esquina, en cada negocio y en muchas casas particulares). Ahora cada uno de nosotros pagamos precios exorbitantes por tener una personal que forma parte inseparable de nuestra vida (y de nuestro cuerpo). Con ella filmamos ese acontecimiento histórico que por casualidad está ocurriendo delante de nuestros ojos (o cualquier tontería), lo subimos a la red y lo compartimos con la esperanza de que se haga "viral". Con ella nos hacemos continuos "selfies", y utilizamos las distintas prestaciones o aplicaciones que nos ofrece, para (entre otras infinitas opciones) ver videos, competencias deportivas, conocer la temperatura de donde estamos (o de Alaska), jugar en línea, localizar una dirección, y desde luego, también conversar mirándonos las caras o mandar mensajes de texto. Se sospecha, no sin cierta lógica, que todo lo que hablamos, "texteamos" o realizamos, los emails que recibimos o mandamos, absolutamente todo, se graba y se almacena en algún lugar por tiempo indefinido e infinito. Pero no sólo eso, sino el lugar exacto desde donde lo hacemos y por qué tiempo. Esa maravilla tecnológica hubiera facilitado mucho la labor de la KGB, la Stasi y otras agencias de control y represión. Hoy esa información que facilitamos con entusiasmo, presumiblemente, la utilizan los gobiernos y sus dependencias para el control de la población. Cuando algo ocurre, ya saben las agencias de noticias y la policía adónde acudir para recabar la información que necesitan, rigurosamente documentada por los propios protagonistas, y así animar los noticieros o facilitar la investigación en curso. Mientras tanto, si buscamos en google algo que necesitamos, luego nos sorprendemos al ver que "casualmente" en "nuestro muro" aparecen ofertas de ese algo sobre el que indagamos. ¿Qué mecanismos secretos se mueven por detrás para bombardearnos con propaganda personalizada?

Por otro lado, ¿se han percatado de la cantidad creciente de niños con espejuelos? ¿Tendrá que ver con las tablets que les ponemos en las manos aún antes de que aprendan a hablar para mantenerlos idiotizados, perdón, quise decir entretenidos? ¿Y en la cantidad también creciente de adolescentes con problemas auditivos? ¿Tendrán algo que ver los audífonos que llevan casi permanentemente en los oídos con música a todo volumen? No lo sé. Pienso ahora que hace ya bastante tiempo que no se publica nada sobre los presuntos tumores cerebrales producidos por las radiaciones de los celulares. ¿Se habrá resuelto el problema, si es que existía, o será una nueva estrategia comercial? Tampoco lo sé. Sólo que esto es el principio. Los que se encargan del control y la manipulación de las masas han acertado con la exacerbación, a niveles nunca soñados, del narcisismo. En un mundo cada vez más globalizado (y robotizado), el individuo se está transformando en una ostra. Un ente encerrado en sí mismo, que pasa horas en exclusiva comunicación con su telepantalla privada (léase celular, computadora, tablet o cualquier otro artilugio). Un ente que prefiere "textear" a hablar.

Nadie sabe qué nos depara el futuro, pero sospecho que no ha de ser muy halagüeño. Tal vez sería oportuno releer a Orwell, hoy más que nunca, porque, al parecer, hay que tener mucho cuidado: El Gran Hermano nos vigila.

24 junio 2017

YO ME QUEDO

El relajamiento de las restricciones de los viajes a Cuba –resultado directo de la política del actual gobierno norteamericano que comenzó con el restablecimiento de las relaciones diplomáticas hace poco más de un año–, entre otras medidas, derivó, como se esperaba, en, fundamentalmente, los vuelos regulares, los cruceros, el correo directo, cierto comercio, y en el incremento del llamado intercambio cultural. Me voy a detener en esto último. De norte a sur, en realidad hay poco que decir. El flujo de cubanos es relativamente débil. Los mismos nombres de siempre que van con la esperanza de que les publiquen alguna cosita, aparecer en una antología, participar en una exposición o montar una obra. En resumen, ser reconocidos por la dictadura patria, que si no, tienen la sensación de no existir. Es cierto que algún que otro poeta de talento ha sucumbido al llamado de la selva, pero siguen siendo muy pocos. Sin embargo, de sur a norte, lo que llega, de todos los campos artísticos y culturales, puede considerarse una invasión a gran escala. Los vemos dando conciertos y recitales, actuando en los teatros, presentando libros, dando charlas, conferencias, y hasta en la radio y la televisión. Gente de Zona ya es parte de la familia. Un canal de televisión hispano tiene a Jacob Forever, desde luego residente en la isla, de pantalla musical de la estación, lo cual resulta llamativo si tenemos en cuenta que su maestro, Pitbull, reside entre nosotros. Si no querían un cubano, sin salirse del género, por ahí andaba también Daddy Yankee; claro, no es de la isla que está de moda.

Hace poco, cambiando emisoras en la radio, escucho que estaban sorteando entradas para un concierto de Pablo Milanés. Los oyentes debían completar parte de una canción del bienaventurado que proponía el locutor. ¿Escuché bien? Sí, otro concierto en Miami de Pablo Milanés, una de las dos figuras –la otra es Silvio Rodríguez– que durante muchos años representaron a la dictadura patria. Aunque no me extraña, era lo único que me faltaba escuchar ahora. El autor de piezas inmortales como *Yolanda, Años, Para vivir, El breve espacio en que no estás, El tiempo pasa* y tantas otras, bellas e inolvidables, también escribió unas cuantas, demasiadas tal vez, que son infamias y aberraciones cantadas. Basté recordar una, *Canción por la unidad latinoamericana* (https://www.youtube.com/watch?v=zR9grCBssrk) que termina así: "Bolívar lanzó una estrella que junto a Martí brilló, /Fidel la dignificó para andar por estas tierras".

Ya sabemos que está en su derecho de venir y cantar lo que le apetezca, cuantas veces quiera, que vivimos, gracias a Dios, en un país libre y aquí cualquiera puede contratar a quien le plazca y me parece muy bien que así sea, eso nos diferencia. No obstante, hay hechos que no son fáciles de olvidar. Recuerdo que en 1980, con los sucesos de la embajada de Perú, los mítines de repudio en su apogeo, el puerto de Mariel lleno de barcos y las personas acudiendo a los centros de recepción para inscribirse como "escoria", La Habana parecía a punto de una revuelta. Yo fui con mi madre a uno de esos centros ubicado en Carvajal y Buenos Aires, en El Cerro. Antes de llegar había que caminar por una calle flanqueada por turbas que, aparte de gritar improperios a las personas, las apedreaban. No puedo olvidar la cara aterrorizada de mi madre, mientras caminábamos lo más rápido que podíamos, yo tratando de protegerla con mi cuerpo de las piedras, y por las bocinas, a toda voz, Pablo Milanés cantando *Yo me quedo*

(https://www.youtube.com/watch?v=hQLfHl_QyMM):

"¿Qué mares han de bañarte/ y qué sol te abrazará, / qué clase de libertad/ van a darte?".

Han pasado muchos años y todavía cuando escucho la canción, que es como un himno, revivo aquellos momentos. No lo puedo evitar. Tampoco quiero. Las personas, y los pueblos, que olvidan o que ignoran su historia, es muy probable que la repitan. Pablo Milanés dará su concierto y allí estarán las estaciones de televisión, siempre receptivas y sensibles a todo lo procedente de la isla. Irá quien lo desee, pueda pagar y no tenga recuerdos que lo lastimen. Te deseo éxitos, Pablo. *Yo me quedo*, en casa.

8 de septiembre 2016

PANDEMIA TOTALITARIA

¿Puede el aire del Sur de La Florida, una península estrecha barrida por todos los vientos habidos y por haber, estar contaminado por la plaga china? ¿Es imprescindible caminar, cuando lo autorizan, por calles o parques, generalmente desiertos, protegidos con guantes y máscaras bajo un sol abrasador? ¿Es necesario permanecer en las casas en confinamiento o prisión domiciliaria, sabe Dios hasta cuándo? ¿Es útil la llamada "distancia social" (imposible encontrar otra frase más ridícula para indicar un alejamiento físico), que incluye cero besos y abrazos? Estas y otras preguntas yo me hago, pero lo que más me preocupa no es que las respuestas sean afirmativas o negativas, sino el poder inusitado que se ha adjudicado el gobierno, central o local.

¿Puede un país democrático, en nombre del bienestar común, actuar como lo haría una dictadura totalitaria? Yo pienso que no, que no debe tener ese poder, que por otro lado, nadie le ha dado. Sin embargo, nuestros familiares y amigos están muriendo en los hospitales sin que podamos acompañarlos en un momento tan difícil, sencillamente porque alguien que no da la cara lo decidió así. Esa medida tan inhumana no tiene justificación, bastaría con facilitar al familiar la misma parafernalia protectora que usan los aguerridos médicos y enfermeros que asisten al moribundo. Parece obvio que no lo hacen por el bienestar del paciente o evitar contagios, lo hacen porque es más sencillo, les es más cómodo así y porque les da lo mismo que el paciente muera en desconcertante soledad (ni que tuviéramos la posibilidad de morir varias veces) y sobre todo, porque pueden hacerlo, una ley arbitraria –ordenanza, decreto, da igual como lo llamen–, absolutamente totalitaria, se lo permite.

Y no sólo es lo que está ocurriendo en los hospitales, el trauma se extiende a las funerarias y los cementerios, donde al fallecido no se le da, por decreto, un trato digno. No me vayan a decir que meterlo en una caja hermética dentro de dos bolsas parecidas a las que usamos para la basura constituye un trato digno. Como si hubiera que deshacerse lo más rápido posible de una cosa peligrosamente infecta. Yo no sé si un muerto por la peste china es capaz todavía de infectar a alguien, ¿pero no sería más sencillo desinfectar el cadáver antes de embalsamarlo? Hay una manipulación, en gran medida amarillista y cuyo único objetivo parece ser el interés en mantener vivo el terror en la población, detrás de las cifras que se dan a conocer sobre infectados, hospitalizados y muertos. Nunca, o muy pocas veces, se aclara que esas cantidades son acumulativas, desde que comenzó el problema. Que el más de un millón de contagiados en La Florida, por ejemplo, no significa que esa sea la cifra actual. Puede que más de medio millón se haya recuperado ya. Igual ocurre con los hospitalizados y los muertos. Jamás se manejan, lo cual sería muy estimulante, las cifran de los que han logrado vencer la enfermedad. ¿Por qué?

Es muy preocupante lo que nos ha tocado vivir. Pienso que si le sumamos a lo que está ocurriendo con los afectados por la pandemia roja, el control que, directa o indirectamente, ya ejercen los gobiernos sobre los ciudadanos a través del acopio insaciable de información individual obtenido por los aún llamados teléfonos celulares, en realidad telepantallas orwellianas, las redes sociales o inocentes instrumentos de mercado como las tarjetas de crédito y los documentos de identidad disfrazados de licencia de conducir, entre otros, queda muy poco de la libertad que nos prometieron los padres fundadores de esta gran nación, avalada por una sólida constitución de más de doscientos años.

Es cierto que el gobierno actual se ha preocupado, más que cualquier otro en el mundo, por aliviar las dificultades alimentarias y económicas de todos sus ciudadanos. Eso es algo que a mí, ciudadano norteamericano, me llena de orgullo y satisfacción, pero como se sabe lo cortés no quita lo valiente. No dejemos que el pánico al contagio y a una muerte estúpida, nos ciegue. Hay que mantener, como el don más preciado, el derecho a la libertad individual, que incluye también la posibilidad de elegir dónde y con quién deseamos morir. No permitamos que la plaga china se convierta en una pandemia totalitaria.

8 de mayo 2020 (publicado en ZoePost)

DEL CONDÓN A LA MASCARILLA

En Cuba –y me imagino que en el resto del mundo sería más o menos igual–, por lo menos hasta finales de la década del 70 y principios de la del 80 del siglo pasado, los adolescentes que tenían su primera experiencia sexual lo hacían en "vivo y en directo", es decir, piel contra piel, sin nada por el medio que obstaculizase o desvirtuase el contacto físico. Los cuerpos se exploraban uno a otro, pedazo por pedazo, rincón por rincón, procurando y procurándose el placer, temblando de dicha, con un único temor, no dar la talla, quedar por debajo de las expectativas de su pareja. Se metía la nariz y lo que no era la nariz, por todas las aberturas y protuberancias posibles, buscando los olores íntimos, secretos, que crecían entre el vello oculto –que afortunadamente en ese entonces todavía no era considerado un elemento antihigiénico sino el *summus eroticus*–, mientras la lengua ayudaba catando líquidos y texturas inenarrables.

¿Qué malo podía pasar? ¿Pthirus pubis? O en el peor de los casos, posibilidad bastante remota, una blenorrea. Había remedio efectivo para ambos males. Aunque existía, desde luego, y en esos años se podía comprar en cualquier farmacia sin muchos inconvenientes, nadie usaba el llamado preservativo o condón. Se decía, con razón, que mataba la sensibilidad. De ahí que no se tuviera en cuenta, salvo quizás algún que otro adolescente que conseguía –generalmente regalo de un amigo mayor–, para solitarios juegos masturbatorios.

En ese sentido, fue una adolescencia y una juventud venturosa. Las personas participaban en los juegos eróticos sin complicaciones ni preocupaciones. Y era bonito temblar en el reconocimiento mutuo, dejando que las manos y la boca descubrieran e hicieran su trabajo. Pero en eso apareció lo que en un principio se denominó "la enfermedad de las tres haches", a saber, homosexuales, hemofílicos y haitianos. Un mal selectivo que atacaba con exclusividad. Una enfermedad propia de homosexuales –hoy se diría, graciosamente, una enfermedad gay–, que aterraba a propios y ajenos. Un homosexual acostumbrado a visitar a familiares o amigos, ahora al tocar la puerta, ésta se entreabría y los de adentro lo miraban como si en él se hubieran concentrado los Sietes Jinetes del Apocalipsis y le preguntaban si "ya se había hecho la prueba". En Cuba, que históricamente el homosexual era mirado como la peste bubónica, que era humillado, perseguido, hostigado, encarcelado y encerrado en granjas de rehabilitación (UMAP), la situación se tornó punto menos que mortal. Eran forzados a hacerse la prueba y si daban positivo encerrados en los llamados sidatorios. El Sida disparó la discriminación contra los homosexuales por el uso que le daban a su cuerpo, contra los haitianos por ser negros presuntamente portadores del mortal virus y contra los hemofílicos por ser enfermos peligrosos. Los heterosexuales, hombres y mujeres, se sentían a salvo hasta que se demostró, que el Sida como cualquier otra enfermedad, no discriminaba, nadie estaba a salvo. Y así, poco a poco –decenas de miles de infestados y muertos por delante–, empezó a popularizarse el uso del condón. Hoy es difícil encontrar a alguien, que en un encuentro casual, no lo use. Puede irle en ello la vida. De ahí que ya probablemente existan generaciones enteras que no sepan lo que es acostarse con alguien "sin protección".

Y cuando ya casi nos habíamos acostumbrado a vivir sabiendo que aquellos tiempos gloriosos de nuestra adolescencia y juventud, jamás volverían, pero todavía teníamos la boca y las manos y podíamos tocar y besar, apretar fuerte con el corazón, llegó la pandemia china. Un nuevo horror que a estas alturas no se sabe –o no se quiere saber– si tiene un origen natural y espontáneo o es un ingenioso y malévolo producto de laboratorio, que ya cuenta en su haber millones de muertos a nivel mundial. Cero besos, cero abrazos, cero confrontación cuerpo a cuerpo y la imposición del distanciamiento físico, cursimente llamado en los Estados Unidos, social. A saludarse tocándose brevemente con los coditos –otra ridiculez–, para correr a distanciarnos entre 8 y 10 pies, apertrechados con desinfectantes para las manos, guantes y mascarillas. Lo que nos faltaba.

Ahora en pleno siglo XXI, disfrutamos la paz con calles vacías, los negocios cerrados, toque de queda, confinamiento forzoso, multas, y así avanzamos por etapas hacia "la nueva normalidad" –qué será eso, yo que pensaba que la normalidad era la normalidad– mientras esperamos por una hipotética vacuna salvadora. Ahora llevamos condones en los bolsillos y, como El Zorro, mascarillas en el rostro. Y ni siquiera podemos imaginarnos, qué vendrá después, cómo será el mañana. ¿Vida virtual? ¿Y le seguiríamos llamando Vida?

Octubre y 2020. Publicado en ZoePost

30 ANIVERSARIO. LOS HEREDEROS DE REINALDO ARENAS

A treinta años de la muerte de Reinaldo Arenas, ocurrida el 7 de diciembre de 1990, me alegra mucho comprobar que se le siente vivo y que su obra se conoce, se busca, se estudia, pero sobre todo, que lo que me atrevería a llamar, su legado más peligroso para la dictadura sexagenaria cubana, no tener miedo, ha calado profundo, directa o indirectamente, en los jóvenes cubanos. Esto no quiere decir, desde luego, que en algún momento no sintió miedo, pero el miedo no le impidió nunca actuar. Hizo en todo momento lo que pensó que debía hacer, conociendo sus consecuencias. Ya lo dejó escrito en uno de sus sonetos: "Cada paso que doy lo doy pensando, menos que esto ha costado paredones".

El llamado exilio histórico, luchó como pudo durante todos estos años sin claudicar. Hoy, una gran parte está enterrada en Miami, otros están muriendo sin haber regresado nunca a la tierra donde nacieron, que permanece ocupada por la misma tiranía. Sin embargo, satisface saber, que hay relevo. Ahí están, serenos pero desafiantes, los hijos de Reinaldo Arenas. Hace unos días los vimos reclamando, en voz alta, sin miedo, sus derechos, más de 300 intelectuales y artistas.

Días después, ese joven que se paseaba solitario por el bulevar de San Rafael con un cartel donde exigía el cese de la represión y la libertad de un compañero preso, sabía perfectamente, que de un momento a otro llegarían los esbirros a detenerlo. Pero ahí siguió. Cuando lo detuvieron las personas presentes trataron de impedirlo, que no se lo llevaran, le gritaron insultos a la policía y lo filmaron todo.

Allí estaban calladitos en dos camiones negros, preparadas para intervenir, las tropas de élite, apertrechadas con la última tecnología antimotines, porque en eso los comunistas no escatiman dinero. Mientras a la población le "ofertan tripas y gallinas decrépitas" para comer, gastan millones en impedir que los saquen del poder. Como cualquier dictadura de izquierda su único objetivo es permanecer en el poder, a como dé lugar. Y aunque parezca increíble, en esa misión tan poco loable son respaldados fervorosamente por la izquierda millonaria y la académica, entre otras aún peores.

Esos jóvenes sin miedo que he visto en Cuba, en Miami y en otras partes del mundo, son, lo sepan ellos o no, estén conscientes ellos o no, lo quieran reconocer o no, el relevo, los herederos de Reinaldo Arenas.

(Publicado en la edición digital de El Nuevo Herald el **17 de diciembre de 2020** y en la impresa el 21 del mismo mes y año).

CONFERENCIAS Y PRESENTACIONES

EL OLVIDO Y LA CALMA, UNA APROXIMACIÓN

De niño, descalzo y sin camisa, solía sentarme al atardecer en el quicio del portal a ver como la noche caminaba hacia mi casa mientras la bombilla del poste de la esquina se iba poblando de mariposas. Era un círculo amarillo, lleno de nerviosos movimientos y rayos diminutos, que continuaba detrás de mis párpados si cerraba los ojos.

Sin pensarlo corría hasta el medio de la calle sin asfaltar y justo antes de llegar a la zanja que había en el centro, daba un salto y me quedaba flotando en el aire.

Dándole a las manos y a los pies, inmerso en aquel océano incoloro surcado por enloquecidos murciélagos, lograba poco a poco ascender; pero nunca, ni tan siquiera en los mejores intentos, lograba alcanzar el círculo que rodeaba el foco de la esquina. Irremediablemente caía y me veía echado sobre la tierra, palpitando excitado, con el cielo disparado de estrellas sobre mi piel. Entonces, asustado, volvía a la seguridad del portal y mi madre salía a regañarme porque estaba sucio (lleno de churre decía ella), y no me había bañado. Luego ella encendía la luz del portal y la magia escapaba. Algo como una cortina me aislaba de la noche y el círculo amarillo se hacía más difuso.

A media cuadra de mi casa se levantaba la ermita, completamente recubierta de conchas y caracoles. Por las mañanas, cuando mi madre me mandaba a comprar el pan, yo me daba una escapada hasta allí y de rodillas, a la entrada, escuchaba cómo el viento se escurría entre los caracoles. Por la boca de la ermita brotaba el rugir del mar, agitando la túnica de aquella virgen bellísima que mi madre había visto, siendo una niña, galopar hacia ella en medio de la noche. Aquella boca giraba como un remolino, formando un círculo que me invitaba a entrar, mientras yo escuchaba el lamer de las olas e imaginaba que era la voz de Dios. Nunca pude entender qué me quería decir. Qué me advertía.

Unas cuadras más arriba estaba la loma. Allí, por las tardes, iba con mis hermanos y algunos amigos del barrio a empinar papalotes, a cazar pájaros en la arboleda que lindaba con la Quinta Canaria o a deslizarnos en yagua por las zonas más escarpadas. Pero también a veces iba solo y me sentaba en la cima a ver La Habana como remachada a lo lejos. Me deslizaba entre las rocas buscando vidrios, pedacitos de vidrio, que eran mis tesoros. Vidrios que el tiempo había convertido en piedras de colores y que, desde luego, eran preciosas. El mundo a través de ellas se tornaba de un solo color. Verde, azul, o un ámbar que era casi amarillo. Del mismo modo me interesaba la piedra pómez, tal vez porque era fría y lisa (me gustaba pegármela a la cara). Y porque parecía muy dura, pero sólo en apariencia. La realidad era que se rompía hasta con la mano. Era una piedra dual, un rostro con dos caras.

Dentro de ese mundo pequeño e infantil, estaba mi padre. Trabajaba con mi abuelo envasando miel y distribuyéndola por los barrios de La Habana en un camión azul. Muchas veces yo lo acompañaba hasta Matanzas a recoger los tanques en el colmenar de un amigo. Siempre regresaba exultante, con un cartucho de marañones (cuyas semillas mi madre luego tostaría en el sartén) y otro con santajuanas y peonías. De aquellos viajes me quedaba la brisa (la cabeza por fuera de la ventanilla), y el subir y bajar por unas carreteras estrechas bordeadas de verde. Y el mar, mostrándose imponente a lo lejos.

Pero mi padre también era los domingos en la Plaza, un mercado inmenso atiborrado de olores; y el sabor de las almejas con arroz, las manjúas y las ruedas de cherna fritas. Y los saquitos de bolas transparentes, todas iguales, que a cada rato nos traía; también los muñequitos del sábado con la tinta aún fresca y sus héroes voladores; y, sobre todo, una imagen. Todas las tardes, cuando llegaba del trabajo cansado, mientras mi madre preparaba la comida, se sentaba en el portal, en camiseta, a leer el periódico. Yo le veía desde abajo sumirse en la lectura de aquellas páginas enormes y me preguntaba qué podrían tener aquellas letras que lo aislaban del mundo durante horas. No le gustaba que lo molestaran cuando estaba leyendo. Ni se le podía hablar. El sillón donde él se sentaba a leer no sólo era un sitio sagrado, sino peligroso. A su alrededor se levantaba una campana de silencio que nadie podía penetrar sin atenerse a las consecuencias.

A mi padre le fascinaban las novelas de vaqueros y tenía decenas de ellas que se pasaba la vida intercambiando con otros viciosos lectores. Hoy sospecho que por aquellas páginas que combinaban el misterio y la aventura, entró Octavio.

Un día, a escondidas, hurté una de aquellas novelas de vaqueros y me escondí debajo de la cama a leerla. Después me leí casi todas las que guardaba en la segunda gaveta de la mesita de noche, junto a la cama; pero no me gustaron. Me parecían todas iguales, con el duelo al final entre el bueno y el malo en la calle principal del pueblo. Por supuesto, carecían de tensión porque se sabía que el bueno siempre iba a ganar. Así que abandoné la lectura de las novelas de vaqueros y me dediqué a devorar las revistas y los escasos libros, que no recuerdo cómo, aparecían por la casa. No teníamos televisor y los radios duraban poco (tenían la rara costumbre de salir volando por las ventanas). La mayor parte del tiempo, cuando no andaba mataperreando por la loma o sentado en una rama del aguacate del placer de al lado, o cavando túneles y guaridas secretas para esconder mis tesoros (vidrios, pedacitos de vidrio), o volando sobre la zanja para alcanzar el foco de la esquina, me acostaba sobre el cemento del portal a inventar historias. Aunque aún no lo sabía, Octavio ya respiraba a mi lado.

Mi madre era la otra mitad de aquel pequeño mundo. Pero era otra cosa. Algo fresco y suave que se movía de un lado al otro de la casa, lo mismo peleando con mi padre porque no arreglaba el techo y ya llovía más adentro que afuera (su preocupación era el alpiste para los tomeguines, según ella), que cantando en el patio, junto a la batea, alguna canción de Vicentico Valdés o de Panchito Riset. Mi madre tenía la música y como el círculo amarillo que se formaba todas las noches alrededor del foco de la esquina, como la boca de la ermita, todo giraba a su alrededor y se hacía cálido, seguro, mientras la prodigaba. No había temor a su lado, era el sitio donde llegar y reposar sin tomar precauciones.

Mi madre también era los tilos y una glorieta de un parque en El Vedado. Un pasillo largo de palanganas y orines y una fuente de bordes carnosos al pie de unos laureles. Es decir, mis abuelas. Mi abuela Blanca con un ojo azul y otro carmelita y mi abuela Tata, que en realidad era mi bisabuela, con su peineta de carey y sus trescientas argollas llenándole los brazos (una de ellas, roja, se rompería contra el asfalto al final de la historia) y las cajitas de fósforos vacías, antiguas, misteriosas, que se levantaban en columnas hasta el techo del cuarto del solar. Una jicotea arañando infatigablemente el esmalte de la palangana y un cubo para el agua cubierto con un cartón. Y mi abuela María, preocupada porque a su hija loca le había dado ahora por treparse en el Templo Mayor de Chichén Itzá y por enamorarse, perdidamente, de un maya yucateco. Era septiembre y la vuelvo a encontrar sembrando el almendro en el jardín.

Cilindro azul, supe que no hay cilindro azul. Octavio, niño, construía sin proponérselo una simbología personal y ganaba una familia. Después, con la adolescencia vendrían los paisajes. También ELLA, revoloteando sobre el cuerpo de su abuela Tata en una habitación de paredes muy blancas en el segundo piso de la Clínica Lourdes... Antes, aterrado, la había adivinado por entre los barrotes de un ventanuco: colgaba de una soga y balaba en la sangre que iba cayendo en el cubo. Su abuelo, que acababa de degollar al carnero, lo veía morir impasible y él se preguntaba que por qué tardaba tanto aquel animal en morirse y rezaba para que muriese. No mires, le decía su madre, pero él cerraba los ojos y seguía oyendo, seguía viendo. Nada sabía del tiempo de la muerte. ELLA ya estaba ahí y lo acompañaría hasta que se cerrase el último círculo.

ELLA reinando en los paisajes. *Barrio Azul*, el color de su infancia, con su placer, su loma y su poceta, era un paisaje que la muerte barría junto a las hojas del almendro. *Sabanalamar* traería otro rostro, un monte, un río deslumbrante, cuerpos ansiosos y desnudos, pero los tiempos ya habían dejado de ser benévolos y se tornaban convulsos. Octavio empezaba a crecer al ritmo de otra música. En mayo de 1961 tenía 14 años, que ya se sabe que no son muchos años, y la revolución que marcaría su vida y la de todos los cubanos, todavía no había cumplido tres. Multitud de olores indescifrables lo forzaban a descubrir. Ya no eran sólo las hojas moradas de los mangos, ni los troncos húmedos y rijosos del platanal, ni el fango en la poceta. Ahora era la piel, el placer de tocar, palpar, texturas alucinadas; de probar, de sentir la sangre alborotada y al final, las bejuqueras a lo largo del río, y la miel de aguinaldo brotando, derramándose, mientras estallaban bombas en la ciudad y los hombres morían o los mataban.

Después, con ese peso cada vez más extraño en las pupilas, regando espuma sobre el asombro, llegaron las lluvias. *Siempre la lluvia*, la adolescencia dividida en tres jornadas demenciales, cada una marcada por una vida rota. Un recluta muerto de un disparo, otro por una ráfaga; y con el último, andaría 32 kilómetros a caballo atravesando una llanura que todavía lacera la memoria. Octavio sobrevivirá para descubrir que todo lo hermoso de la vida podría resumirse en un instante. El amor ya no era sólo un cuerpo que se le brindaba cuando podía, sino unos ojos brillantes que exorcizaban el espanto. Una historia de amor que se prolongaría por casi una década, todo un largo aprendizaje para crear una costumbre y aferrarse a ella. Total, para descubrir al final que su amor no era capaz de retener, ¿y qué tan fuerte puede ser un amor que no es capaz de retener? Esa es la tragedia de *El instante*, con los años 70 de fondo, que como ya se sabe, desembocarían en el éxodo del Mariel.

Después de asistir a la destrucción de su casa, de su familia, de su amor, de sus ilusiones, de sus esperanzas, de sus sueños de creador, ¿qué le quedaba a Octavio que no fuera decir adiós? *Dile adiós a la Virgen*, le diría un amigo casi al final de la historia. Ya nunca podría volar sobre la zanja del medio de la calle, la ermita se desmoronaba y la loma era apenas un montículo atestado de casuchas de zinc. Destierro, exilio, la obstinación de construir una historia que abarcara el círculo completo, y escapar perseguido por un poema de Kavafis. Entonces, al final, viendo que su vida había estado marcada por una espiral, donde los círculos se cerraban goteando pérdidas, descubre, o tal vez no lo descubre, que siempre estuvo equivocado, que el objetivo en vez de retener es soltar amarras, tirar lastre, volver a la desnudez primigenia, porque quizás y solamente allí, encontraría lo que estuvo buscando sin saberlo hasta la última bocanada de aire: *El olvido y la calma*.

Muchas gracias.

*Conferencia dictada el **24 de septiembre de 2004** en Baruch College-CUNY, en Manhattan, New York.*

PRESENTACIÓN DE *CUENTOS MORTALES* Y *DILE ADIÓS A LA VIRGEN*

Quiero empezar agradeciendo a la Feria, y en especial a Alejandro Ríos y Ángel Cuadra, la oportunidad que me han brindado de poder estar hoy aquí con ustedes presentando estos dos libros. A mis editores, porque sin ellos tampoco podríamos estar hoy aquí. Muy particularmente a mi amigo Juan Manuel Salvat.

Es un privilegio poder estar acompañado de mi hermano Juan y de Chago. Eso me anima porque, como les sucede a algunas otras personas, me es muy difícil hablar sobre lo que escribo. Estoy más acostumbrado al diálogo solitario con el papel. No obstante, lo intentaré.

Cuentos mortales reúne diez cuentos escritos en los últimos nueve años. Creo que si hay algo que los unifica es la pérdida por el paso del tiempo y la orfandad en que nos sume un exilio de más de cuatro décadas. Todos los personajes son cubanos desarraigados que envejecen y mueren en tierra extraña. Ya se sabe que vivir mata, pero el exilio mata doblemente. De ahí la "mortandad" del título. Abre con un vencedor y cierra con un perdedor, aunque, al menos para mí, no está claro quién es qué en esta agonía coral. Son cuentos mortales tal vez porque todos, en alguna medida, son también cuentos exiliados y el marco donde transcurren es esta ciudad de Miami; por lo que el libro bien podría haberse titulado cuentos miamenses. Y pienso, después de leer una aguda observación de Jesús Hernández en La Revista del Diario las Américas, que tienen que ver mucho con *El tiempo afuera*, un librito de poemas que se publicó no hace mucho. Que ambos libros son como dos versiones de una misma realidad.

Mi novela *Dile adiós a la Virgen* forma parte de un vasto plan en el cual llevo trabajando por más de treinta años, toda una vida como aquel que dice. Surgió, siendo yo un adolescente, leyendo el *Juan Cristóbal* de Rolland. Desde ese momento me entusiasmó la idea de escribir –o describir– la vida de un personaje –un escritor– desde su nacimiento hasta su muerte. Después la vida, mi propia vida, se encargó de ordenarme el horror, mi propio horror, y dulcificar o envenenar el aire a respirar. De delinear etapas y poner las cosas en su sitio. Y, de paso, de convertir aquel entusiasmo inicial en un martirio.

Pero la idea de este ciclo de novelas sobrevivió. Cada una de ellas debía ser un coto cerrado, independiente de los demás, autosuficiente. Y todas debían de parecer también diferentes entre sí, en su forma y contenido, aunque repitiera al personaje –claro, en una etapa diferente de su vida y por lo tanto *otra* persona, aunque cargando los mismos lastres, los mismos, símbolos, los mismos círculos–, y el mismo mundo. La primera *Barrio Azul*, se ocupa del mundo de la infancia y termina en 1958. La segunda, *Sabanalamar*, se centra en varios meses –de mayo a diciembre– de 1961 cuando Octavio, que es el personaje principal, tiene 14 años y participa en la Campaña de Alfabetización que se realizó ese año en Cuba. Es, entre otras cosas, el conocido encuentro de dos mundos, la ciudad y el campo, y el descubrimiento por parte del adolescente de sí mismo y de los círculos –y los símbolos– por donde deambularía su existencia. La tercera, *Siempre la lluvia*, va de 1965 a 1968, durante el Servicio Militar Obligatorio de Octavio y está, como las películas rusas de la época, dividida en Jornadas. Una jornada por cada año marcada por un espanto. El horror y la muerte señorean sobre cada una de ellas. La cuarta es *El instante* y transcurre entre 1971 y 1980. Octavio se enamora por primera vez en su vida y trata de nadar contra la corriente en medio de lo que ahora se ha dado en llamar el quinquenio gris (y después dicen que es imposible comprimir el tiempo). La novela termina con el asalto de 10,832 personas a la embajada de Perú en La Habana y su consecuencia, el éxodo del Mariel, donde la familia y su vida se rompen y se dispersan. Es una novela de amor que no tiene un final feliz.

Dile adiós a la Virgen es la novela que cierra el ciclo. Y que tengo el placer de presentar hoy. Es el fin. Son los despojos de Octavio González Paula, Tavi, para sus íntimos, recogidos por su amigo Hugo que se niega a aceptar que su "maestro" fue un perdedor y se empeña en concluir la obra de su vida, de darle un sentido a su razón de ser. Así "veinte años después" –un homenaje a Dumas, que alegró mi juventud–, en diciembre de 2003 –lo que hace que la novela, en este momento, sea aún una novela "futurista"–, él también al borde del fin, tal vez como prueba de amor, se sienta a ordenar –a recomponer– la novela que recoge los casi cinco meses últimos de la vida de Octavio en Cuba. De agosto a diciembre de 1983. Mes por mes. Para ello utiliza el material que le dejó Octavio y su propia –y no muy sofisticada– inventiva remarcada, por ejemplo, en el uso excesivo de paréntesis, algunas palabras muletilla, "errores" y la intromisión de su mundo personal, de su tragedia íntima, en la del amigo.

En ese sentido *Dile adiós a la Virgen* es una novela *lineal* y está transcurriendo, a pesar de las digresiones ocasionales y las idas y venidas hacia delante o hacia atrás, en tiempo real. Como real es el entorno, el marco, digamos histórico, donde transcurre. Todos los eventos que se citan en la novela, la programación de teatro y cine, las cotizaciones del dólar, los artículos de prensa, los actos públicos o el acontecer nacional o internacional, son rigurosamente exactos en tiempo y lugar y sirven de apoyatura para la descripción de una etapa del acontecer nacional cubano poco explorado en la literatura. Unos años antes de la caída del muro de Berlín y del comienzo del llamada "período especial" en Cuba. La novela explora los métodos de supervivencia de una no-persona que se ve forzada por sus circunstancias a navegar dentro de la marginalidad en un época donde todavía ése no era el *modus vivendi* nacional. La última parte se ocupa de la estancia del personaje en Madrid y de su exilio definitivo en Miami. Tiene, o pretende tener, varios niveles de lectura contenidos en un torrente que fluye desde y hacia la muerte. Los lectores tendrán ahora la última palabra.

Muchas gracias.

Nov, 2002

SABANALAMAR EN LA MEMORIA

Se ha dicho ya muchas veces, tantas, que prácticamente se ha convertido en un lugar común. Desgraciadamente, no me queda más remedio que repetirlo yo una vez más: nada le resulta más difícil a un autor que hablar de su propia obra. En mí, que no soy de mucho hablar, la dificultad se hace barrera casi infranqueable.

Un gran dilema, un problema complejo. Quizás porque la visión del autor no suele ser nada objetiva. Está subordinada al amor que se siente por las palabras, por los recuerdos y los sueños –las imágenes– que esos sonidos tienen la facultad de provocar. Yo aún hoy, después de tantos años, cierro los ojos y escucho la palabra seguida de un ademán. Una mano que se levanta y señala hacia la lejanía. Sabanalamar, dice la voz en la memoria. Sabanalamar. Un lugar perdido en la costa sur de la provincia cubana de Pinar del Río, que resume, aunque entonces no lo sabía, la comunión del monte con el mar. Un singular paisaje, llanuras inabarcables con la mirada, manigua; río suave, dulce, remolón. Desolación bajo la noche que se cierra como boca. Negra, húmeda. Y millones de estrellas palpándose, acariciándose, fundiéndose en medio del bullicio de las alimañas y las bestias, hasta formar una mancha blanca que atraviesa el cielo de norte a sur y que gotea como algo innombrable. Un calor que también gotea, que borra los contornos y un sentimiento de pérdida irremediable. De noche, eso.

Porque por el día regresan los colores y el alma como que se apacigua. El monte. Y el mar, todo los mares, aquéllos de la infancia, protegidos, cálidos, familiares. Y los otros, más allá del mangle y las uvas caleta. Turbios, cargados de futuros presagios. Balsas mordidas, naufragios y elementales esperanzas. Todo eso en una sola palabra, que por lo demás denota un sitio que ya ni siquiera existe.

Sólo falta el elemento perturbador, un ser humano en tránsito. Alguien saliendo de la infancia. Un muchacho compartido, mitad niño y mitad nada todavía. Un adolescente de catorce años que por primera vez se desprende de la coraza protectora que significa la madre y el hogar. Un muchacho tímido, lleno de temores, de dudas de todo tipo. Con una educación convencional, religiosa, y una gran curiosidad. Un muchacho hipersensible, para más desgracia. Un adolescente urbano en medio de un paisaje rural casi virgen.

Falta también aclarar que personaje y medio están dados en un tiempo muy concreto. La novela se desarrolla en Cuba, entre mayo y diciembre de 1961, durante la Campaña de Alfabetización. Octavio, el adolescente protagonista, es uno de los brigadistas alfabetizadores. Es una época convulsa, cuando muchas cosas comienzan a definirse. Sin embargo lo que podríamos llamar la historia, el acontecer nacional, es apenas un telón de fondo difuso, un eco lejano, porque Sabanalamar era entonces y creo que lo fue hasta su desaparición de los mapas, un lugar ahistórico donde no llegó nunca el asfalto ni la electricidad.

Sin carreteras que la comunicaran con ninguna parte, las noticias eran como rumores que nadie deseaba confirmar. Los símbolos de los tiempos eran apenas visibles en las palabras nuevas que se utilizaban para nombrar cosas antiguas. Y en la vicisitudes de algunos de sus hijos, en los rumbos extraños que tomaban sus vidas.

Pero *Sabanalamar* es, sobre todo, pienso yo, unos meses en la vida de Octavio. Unos meses muy importantes es verdad, pero sólo eso.

Y descubrir los recovecos del cuerpo y de la mente. Contemplar el nacimiento y la muerte. El principio y el fin, el alfa y omega. Eros y Tánatos. La obsesión por el paso del tiempo. La violencia... Fotografías de la memoria.

Desde muy joven, cuando empecé a leer y a garabatear papeles, y sobre todo después de descubrir el *Juan Cristóbal* de Rolland, me sedujo la idea de contar la historia de un personaje desde su nacimiento hasta su muerte. Un personaje que tendría, como es natural, mucho de mí, de mis vivencias, pero también mucho de las personas que me rodeaban, de los seres de mi época, y que de una forma u otra marcaron o condicionaron mi vida; mi generación. Seres que vivieron su infancia a finales de la década del cuarenta y principios de la del cincuenta. Una adolescencia marcada por la Campaña de Alfabetización. Una juventud herida por el Servicio Militar Obligatorio. La adultez en los oscuros setenta, que los historiadores actuales han reducido a un insólito quinquenio que llaman gris. Una época de confrontación, de definiciones. Después el exilio y finalmente la muerte.

Esto me hace pensar que lo que le sucedió a Octavio no es nada extraordinario. Acaso un matiz, una mancha cualquiera, que apenas se distingue en un muro común.

Hoy este muchacho que me mira desde las ruinas de Sabanalamar me produce cierto desasosiego. También cierto rubor. También cierta pena. No sé, y creo que nunca lo sabré, si le habré proporcionado aunque sea un poco del olvido y la calma con que siempre soñó.

Muchas gracias.

24 de febrero del 2015

YO RECUERDO...
(a propósito de *Siempre la lluvia*)

Yo recuerdo que de pie sobre la cabecera de la cama me aferraba a los barrotes del postigo que daba al patio de mi abuelo. Allí, algo apartada, estaba mi madre observando como su padre degollaba un enorme carnero. El animal colgaba por una pata de un gajo de la mata de mango que crecía en medio del patio, y emitía unos sonidos espeluznantes. Yo no podía apartar mis ojos de aquellos ojos redondos que parecían mirarme desolados. La sangre caía a borbotones sobre la tierra y creo que una niña se acurrucaba en las faldas de una mujer que no era mi abuela, en la misma puerta de la otra casa. Creo que había otras voces, tal vez un radio tronando en alguna parte. Mis pies descalzos temblaban sobre el maderamen de la cama y las moscas se recogían atontadas en el cable del bombillo de 40 bujías que colgaba en el centro del cuarto. Había sol sobre la mampostería. Había una pila que goteaba sobre el lavadero. Había algunos trapos de colorines oreándose en la tendedera que una horqueta de cañabrava mantenía empinada. Había un color angustiado en la falda de mi madre que se agitaba al viento. Luego llovió y confundió la sangre.

Pero el tiempo ha borrado todo eso. Sólo queda aquel bramido chirriando la memoria en medio de un silencio muerto. Y la sangre, disolviéndose en la lluvia. Creo que ésa fue la primera vez que vi que le quitaban la vida a algo, que vi algo morir porque lo mataban. Ni él ni yo entendíamos por qué lo mataban. Pero sentí deseos de que acabara de morir. Gritaba con todo mi cuerpo pero sin atreverme a abrir la boca, para que mi madre me oyera:

—¿Por qué no termina de morir ese carnero?

Yo hubiera preferido que viviera, pero entonces, en ese instante, deseaba que terminara de morir. La muerte era lisa y fría como la piedra pómez y con ella vendría el silencio. El silencio, creía, era la ausencia de dolor, de sufrimiento. Era como aquella mujer de falda procelosa y mirada perdida.

ELLA acercaba su mano y acariciaba aquella lana encrespada, amarillenta, parecida a otros crespos celosamente conservados en antiguas cajitas de fósforos. La mano no venía de noche sino en pleno día, tampoco estaba en los tratados de psicología infantil, en fin, no era la mano de Rilke ni la de Lezama, la que acompañaba su agonía. Era otra mano, una mano con cuerpo cambiante, a veces joven, a veces vieja. Era la mano de ELLA.

Desde entonces la muerte me recuerda la lluvia. Me evoca faldas y vientos de cuaresma. La relaciono con fondos de botellas, con vidrios, pedacitos de vidrio, cristal triturado, y con la piedra pómez. Asume formas, cuerpos sigilosos que me vigilan. Y era bueno, es bueno, porque aunque no me acostumbro, se me ha hecho cómplice, casi una presencia, una compañía.

Así la muerte, que una mano posaba sobre la piel recorrida por estremecimientos rítmicos, se quedó entre las balaustradas de madera. Yo sólo podía ver la mano. Una mano mojada, enrojecida. Mínimo remolino que recorre la zanja y alborota papeles y desastres. Una mano con lluvia a veces. Otras con sangre. Y así fue por años, así sigue siendo todavía. Y es la misma mano, la que agita el saco de yute que cubre la entrada a la letrina. Aunque ahora también hay otro aroma, otra textura, otra sensación, un olor añadido como a miel de aguinaldo, en la mano que hurga y acaricia. El pelo rubianco de las piernas está teñido de verde olivo, los pies calzan botas soviéticas, y los ojos se ocultan tras la visera de una gorra de indiscutible confección nacional.

Hay polvo y hollín y cientos de adolescentes grotescamente uniformados. Hay barracas pero no hay árboles en el centro del polígono donde cada mañana, levantando la niebla, los reclutas deben forman una rueda, a todo lo largo del perímetro, hasta caer exhaustos. ELLA en el centro dirige la maniobra, alza marcial su mano y la agita como conduciendo la orquesta. Y entonces son tres los movimientos –como tres jornadas de películas rusas, como tres fuerzas que de una en una se han ido acumulando–, los que arrastran la imagen de aquel carnero que no termina de morir, pero que ya lo sabe, y que ahora se ceban en un adolescente agachado sobre un hueco anegado y podrido.

Son tres los rostros de esa mano: el de la muerte que se disfraza, el de la lluvia que arremete contra las cosas, y el del deseo, su cuerpo. Los tres se mezclan, cada uno halando para sí, reconstruyendo a su manera la historia, una pequeña historia, que será además la historia de unos cuantos adolescentes que tangencialmente la comparten o padecen. Y unas cuantas muchachas con olores extraños, también. Un olor lejano a serpentinas desde lo alto de la loma de la iglesia cuando pasaban las carrozas rumbo al Prado. Una tienda de disfraces. Un niño delante del espejo de la coqueta dibujando un bigote con un corcho quemado. Todo eso se va sumando a la trama. Una palangana con una colcha de churre blanca, a veces ceniza, como los cuerpos recién salidos de la poceta. El placer, empapando los bajos de los pantalones camino de la iglesia. Los niños van a partir a las misiones y le cantan a María. Y después, el club Jaimanitas donde una Lupe imposible canta *Fiber* hasta desgañitarse. Todo eso está ahí. Como tres caras que se superponen o se mezclan. Y la historia de aquella muchacha campesina que hacía largas cartas de amor y que quería tener un hijo. Y el amor bajo un puente con olor a ajos fritos y a corriente turbia. Y el amor entre los matorrales tenía también aquella mano que era dulce y suave y olía a sangre de hombre fusilado. Como la cerca de alambres dobles de púas de la UMAP donde también fusilaron. Y la lluvia monumental barriendo de sangre la llanura camagüeyana. Veo los cuerpos desnudos, temerosos pero desafiantes, arrinconándose contra las literas a la luz pestilente que brota del fondo de una lata, donde arde, un pedazo de saco humedecido con luzbrillante. Porque antes, un poco antes, un muchacho de 17 años extendió los brazos como un sonámbulo y quiso decirme algo pero no pudo. Y fue la segunda vez que vi algo morir porque lo mataban. Vi como la sangre empapaba la mano que yo apretaba contra su pecho. Y por encima de mi mano, estaba la mano de ELLA, sofocando. Después la sentí junto al rostro consternado de la madre que me miraba. Han pasado 30 años y todavía recuerdo aquella mirada. Por eso hay alguien que lo nombra y que organiza el caos de la primera jornada. No es él pero tiene su sangre y mi memoria. La vida, comprendo, era creer en las expectativas, era tener todavía expectativas. Pero la muerte era su ausencia.

En la segunda jornada otro muchacho, muy hermoso, se lanza en una fuga hacia ninguna parte hasta caer junto a la portezuela de un carro militar, muerto por bala. No sé si llovía, si estaba cerca el mar o algún río. Por eso en la tercera lo detengo al final, lo lanzo a caballo 32 kilómetros atravesando un llanura desolada mientras la sangre, a duras penas detenida por un torniquete, va rociando la tierra reseca. Ése, que es otro y que es el mismo, se salvará. Claro, no llegará indemne al otro lado. Carga su mutilación, su marca, por lo que le quede de vida.

Recordaré siempre la lluvia sobre la inmensa llanura camagüeyana y será como si estuviera mirando desde un postigo a un enorme animal que no termina de morir. Y será la sangre entre la lluvia manoseando el deseo. Deseo apresurado, inhábil, fin en sí mismo, que también está a todo lo largo de estos tres años, porque es el tercer rostro de la mano. Duro es el deseo y dura la adolescencia de estos seres soñolientos, hambrientos, sometidos a la humillación constante que, sin embargo, intentan sonreír, porque son jóvenes y tienen esperanzas. Y porque suponen que hay que seguir, que hay que agotar hasta el final ese soplo que eriza y gesticula. A pesar del ultraje, del sinsentido mismo. Por eso quise que la historia fuera como un canto, que terminara como un canto, donde las voces –la misma voz que se desplaza, que se acerca o se aleja, siguiendo un ritmo–, se desboquen en un desenfreno final.

Yo sólo he propuesto lo que quise hacer. Naturalmente, intención y resultado no siempre se corresponden. A veces no coinciden. De resultados, yo no puedo hablar. Tal vez, sólo de sensaciones torpemente evocadas. Ahora, cuando me acerco en sueños a aquel postigo, no tengo –ni puedo- necesidad de treparme en la cabecera de la cama. Veo desde mis pies, la mata de mango, el mismo carnero que no termina de morir, y el aguacero acercándose por el poniente. Pero me siento más tranquilo, más sosegado. Casi sonrío. ELLA baila bajo la lluvia y no tiene deseos.

Miami, miércoles **22 de febrero de 1995**.

TIEMPO SESGADO

Ya sé que es tópico, un lugar común más que gastado, que muchos autores comiencen su intervención declarando que para ellos nada más difícil que tener que hablar sobre su obra, y acto seguido nos endilgan un tratado de 60 cuartillas. Que ante tal alarde de incontinencia verbal, hay que mandarlos a callar o discretamente hacer mutis por el foro. Pero en mi caso, puedo garantizar que es cierto, que me cuesta mucho trabajo hablar de lo que escribo. Quizás porque escribo precisamente para no tener que hablar. Y que voy a ser breve.

Yo me siento frente al libro terminado, es decir publicado, porque terminar, lo que se dice terminar, eso no ocurre nunca. Al menos yo, leo y releo las hojas salidas del prínter y siempre encuentro algo, desde vulgares erratas hasta párrafos enteros que me suenan horribles y me veo forzado a rehacer, probablemente para dejarlos peor que como estaban.

En fin, decía que me siento junto al texto presuntamente terminado y lo primero que me pregunto es: ¿qué diablos es esto? ¿Esto es lo que estuve meditando durante tanto tiempo? Casi siempre la sensación que prevalece es la de frustración, de tiempo perdido, de que hay que tirarlo todo y comenzar de nuevo. Así me ha pasado siempre.

Hace mucho tiempo, a principio de la década del 70 del siglo pasado, tuve la idea, de contar la historia de un hombre desde su infancia hasta su muerte y para ello la dividiría en cinco partes que estarían en correspondencia con fechas o acontecimientos que marcaron mi vida. Los tres primeros hitos se me presentaban en ese momento muy claros, el cuarto lo estaba viviendo en ese entonces y sobre el quinto no sabía nada, excepto que mi personaje moriría.

Escribí en orden la primera, la segunda y la tercera novela. La segunda transcurría de mayo a diciembre de 1961, durante la Campaña de Alfabetización que se realizó en Cuba. Yo, como mi personaje, tenía entonces 14 años y había participado en esa campaña en un lugar al sur de San Cristóbal, en la provincia de Pinar del Río. Un lugar tiernamente salvaje. Un lugar que ya no existe llamado Sabanalamar.

La siguiente estaba dividida en tres jornadas, como las películas rusas de la época, y cada una representaba un año y una muerte dentro del Servicio Militar Obligatorio, que tanto mi personaje como yo pasamos durante el segundo llamado. La cuarta la empecé en Cuba y la terminé de escribir en el exilio, comienza en 1971 y acaba en 1980, con los sucesos de la embajada del Perú y el éxodo del Mariel. Es una historia de amor, a veces cursi como suelen ser las historias de amor, en medio del infierno. En el exilio también se concretó la quinta que en su primera parte, la más extensa, describe los últimos meses de mi personaje en Cuba; la segunda parte, se narra veinte años después, primero sobre lo que le aconteció en Madrid y luego en Miami. Cierra con la muerte del personaje. En ese punto comenzamos a divergir mi personaje y yo porque, obviamente, no me he muerto todavía. Ni tengo planes inmediatos al respecto.

Tres de esos cuatro libros ya están publicados. Son *Sabanalamar*, *Siempre la lluvia* y *Dile adiós a la Virgen*. El cuarto, que es *El Instante*, permanece inédito.

Barrio Azul, que estamos presentando esta noche es el primero de la pentalogía que titulé *El olvido y la calma*, quizás porque esos fueron los objetivos a los que mi personaje y yo, aspirábamos. *Barrio Azul* transcurre durante los últimos años de la década del cuarenta del siglo pasado y casi toda la del cincuenta. Termina en diciembre de 1958. Este que preciso es el tiempo de la prosaica realidad en la que está inspirada, en la novela no se dan fechas.

Aunque es lineal el tiempo en la infancia no se mueve como una línea recta. Es un tiempo sesgado. Para el adulto, si no piensa en él, no hay ningún problema con el tiempo. Lo mide, planifica acciones, exige puntualidad. Ahora, si intenta comprenderlo, la cosa se complica. Baste recordar que ni siquiera los científicos se ponen de acuerdo. Las fórmulas funcionan a cierto nivel, pero después la relatividad, las cuerdas y otras teorías –para no hablar del acelerador de partículas– se encargan de aguarles la fiesta. Los poetas, sin embargo, han logrado aproximaciones maravillosas –pienso ahora en Rilke– a través de un tiempo ilusionado.

Si esa es la situación para los adultos, cómo imaginar la forma en la que el niño lo percibe. Es un tiempo donde los acontecimientos se suceden linealmente aunque los espacios entre un momento y otro pueden dilatarse infinitamente o acortarse con brusquedad en función de factores que no domina, que no maneja, que no entiende y que a mi modo de ver, son afectados, o tolerados, en parte, gracias a la imaginación.

De ahí que al plantearme una novela donde la infancia es la protagonista, tenía que, al menos, intentar una manipulación del tiempo con ojos infantiles. En *Barrio Azul* el tiempo es lineal pero no lo es. Se nota que al niño le pasan cosas, tiene aventuras, juega, se muda demasiadas veces, le nacen hermanos, se mueren familiares, también un amigo, crece, pero dentro de una atmósfera densa y enrarecida, difícil de medir.

De cualquier forma pienso que *Barrio Azul* es una novela sencilla, sin complicaciones formales. Está el clásico narrador omnipresente que se desdobla al final de cada capítulo, visionario si se quiere, poseedor del conocimiento, es decir de las claves y símbolos que lo preparan para poder narrar una siguiente muerte. Y he ahí el segundo protagonista de la novela, la muerte como pérdida. En fin, no deseo abrumarlos tratando de explicar lo que yo mismo no entiendo. A lo sumo, sólo me atrevería, tímidamente, a invitarlos a compartir conmigo este principio de la aventura de una vida.

Muchas gracias.

Centro Cultural Español, **19 de septiembre de 2008**.

UNA LITERATURA QUE VENCE AL TIEMPO

Para mí es extremadamente difícil (o extremadamente fácil, que ya se sabe que los extremos se tocan) presentar a Luis de la Paz. Lo conozco desde hace tantos años que sería una obscenidad, como diría el cínico protagonista de la película argentina *Yepeto*, mencionar una cifra. Para comenzar, lo mejor que puedo hacer es remontarme a las tertulias que dábamos en mi casa mis hermanos, un grupo reducido de amigos con ínfulas de escritores y artistas, en las que participaba el susodicho. Entonces un muchacho muy delgado de ademanes inquietos y cabellera desorbitada que le hacía como un casco erizado de púas. Un auténtico Leo, como diría mi colega Daniel Fernández.

Cada sábado nos reuníamos para leer la producción de la semana, sólo superada en número por la cantidad de libros leídos. Cuando aquello Luis escribía principalmente cuentos y recuerdo también una novela que narraba las aventuras de un grupo de adolescentes fiesteros e iracundos en el barrio de Santos Suárez. La novela se llamaba *Underground* y por lo visual casi parecía un guion cinematográfico. Una de sus "escenas" se incluyó en *Ah, la marea*, una revista clandestina que se fundó en el Parque Lenin –a donde ya habíamos trasladado nuestras ruidosas tertulias–, que preparaba el mismo grupo de lectores subversivos y entre los cuales se encontraba Reinaldo Arenas.

Si hay algo, de esa época, que no podré olvidar jamás es el título del primer libro de cuentos de Luis de la Paz: *Lúteo*. Mi reacción al escucharlo fue quizás algo desproporcionada. Le dije: ¿Y eso qué demonios quiere decir? Aunque estoy casi seguro que no fue precisamente "demonios" la palabra que utilicé. Él me respondió sonriente: del latín *lutěus*, de lo que estamos hechos, lodo, barro, fango. Era un libro de cuentos excelente, rezumando instinto, vitalidad, energía, y la colérica prepotencia de la juventud que todavía cree que el mundo le pertenece. Lamentablemente, se perdió como la novela y tantas otras cosas escritas en aquellos años. También en esa época escribía ocasionalmente poesía, enfermedad que algunos creen incurable, pero de la que él se libró en el exilio, aunque no pudo evitar la tentación de publicar algunos poemas en las revistas que se crearon en Estados Unidos después del éxodo del Mariel.

Luis formó parte de ese éxodo en 1980 y ya aquí, en Miami, con mis hermanos, Reinaldo Arenas, y algunos otros amigos como Carlos Victoria y Reinaldo García Ramos que se incorporaron al grupo, fundaron la revista *Mariel*, que ahora en libertad retomaba con nuevos bríos el proyecto clandestino del Parque Lenin. Aquel proyecto, que costeaba el grupo de recién llegados, ha devenido con el paso de los años en una revista mítica. Más tarde, siempre emprendedor, luchador y soñador, llegó a fundar, junto a Jesús Hernández, su propia revista *El ateje*, donde colaboraron escritores de varias generaciones, desde los más viejos hasta los más jóvenes, consagrados y aquellos que daban sus primeros pasos. *El ateje* fue una revista importante –aún se puede consultar en línea–, un gran esfuerzo que no ha recibido el reconocimiento que se merece.

En el exilio Luis de la Paz ha publicado dos libros de cuentos, ambos con Ediciones Universal del amigo Salvat, *Un verano incesante* (1996) y *El otro lado* (1999); así como una recopilación de textos y documentos en homenaje al amigo muerto: *Reinaldo Arenas, aunque anochezca* (2001). También, como sus lectores saben, mantiene desde hace más de una década una sección, el último domingo de mes, en Diario las Américas llamada *5 preguntas a...* por donde ha desfilado todo lo que brilla y vale en el arte y la literatura, especialmente de la cubana exiliada. Un trabajo de gran valor que será en un futuro de obligatoria consulta por los estudiosos del tema cubano. Más de 100 entrevistados donde figuran en la plástica, por ejemplo, Mijares, Bedia, Baruj Salinas, Hugo Consuegra, Tony López, Gina Pellón; en la música, Aurelio de la Vega, René Touzet, Zenaida Manfugás; en la dramaturgia, Dumé, Matías Montes Huidobro, Julio Matas, Francisco Morín; historiadores de la talla de Octavio Costa, Enrique

Ros, Luis Botifoll; y escritores como Carlos Victoria, Eddy Campa, Esteban Luis Cárdenas y Daína Chaviano, por sólo mencionar unos pocos nombres. La labor que viene desarrollando Luis de la Paz de promoción y divulgación cultural, con marcado interés en lo que se realiza, aquí, en Miami, queda reflejada en sus reseñas semanales en La Revista del Diario.

Tiempo vencido, el libro que tengo el placer de presentar hoy, es una indagación por las entrañas del alma exiliada. Todos los personajes que deambulan por sus páginas están marcados de alguna manera por su condición de exiliados. Desde el marginal en su encuentro con el funcionario público de *Mandrake el Mago brilla en el Southwest,* un hermoso homenaje al desaparecido –y nunca mejor dicho– poeta Eddy Campa, hasta *Balseros,* un alarde de técnica narrativa al servicio de una crisis nacional, pasando por *La noche en el abismo* –otro homenaje, esta vez a Juan Francisco Pulido, un escritor que se suicidó a los 22 años–, una narración desgarradora y, en mi opinión, uno de los mejores cuentos del libro.

No es objetivo de esta breve presentación, un análisis minucioso de cada uno de los quince relatos que componen el libro. Eso se lo dejo a los críticos, a los académicos y a los lectores. Más bien lo que pretendo es señalar algunas de las sensaciones, ideas o reafirmaciones que su lectura provocó en mí. Una de ellas fue comprobar una vez más, que ya existe una literatura donde Miami y La Habana se disputan el protagonismo, donde los personajes pasan de una a otra sin muchas transiciones y donde se habla de un tiempo donde la dictadura es cosa del pasado. También sentí el peso y el paso del tiempo: en los cuerpos de dos viejos que se ayudan a sobrevivir, en las siempre entrañablemente difíciles relaciones familiares, entre hijos y padres, *después del noticiero*; en el amor que ha ido envejeciendo con los cuerpos y ahora es como un sillón, una manta, el fuego de un hogar extranjero, una palmada, algo que hace más llevadera la proximidad de la muerte. Sin olvidar el vacío que se siente en una sociedad donde las contradicciones se hacen violentas, donde los valores chocan con nuestra idiosincrasia y donde, por consumir, a veces se llega a consumir los hijos *a la carta*.

No sólo está la pesadumbre por el paso del tiempo en este libro. Hay además, una suave ironía y hasta humor en cuentos como *Encuentro* o *Tardaron bastante*; y una poesía de la desolación y el desamparo, una poesía de la orfandad, que moja ciertas páginas, como en *El hombre de lejos* o *Tarde veintidós*. Hay claves, enlaces entre las distintas narraciones, que el lector se encargará de descifrar. Hay una autenticidad que es todo lo contrario del artificio. Creo, para terminar, que Luis de la Paz ha conseguido con *Tiempo vencido* algo muy difícil: superarse a sí mismo, ya que este libro va mucho más allá de sus anteriores entregas. Es un libro más maduro, más abarcador, más de regreso de todos los triunfos y todos los desastres. Una literatura, en fin, que vence al tiempo.

Muchas gracias.

19 de junio del 2017

PALABRAS EN LA TARDE

Palabras en la tarde… Palabras en la tarde… Cuando escucho o leo, "la tarde", lo primero que me viene a la mente es el bolero de Sindo Garay, una melodía que marcó pautas, y, por lo demás, una de las piezas más enigmáticas, más hermosas y con más carga poética, del cancionero cubano. Un tema donde la luz que arde –imaginen una "luz" que "arde"– en unos ojos amados provoca el alba o que muera la tarde. No dice que caiga la tarde sino que muera. La tarde posee, más allá del simbolismo que se le pueda atribuir como preámbulo del fin –acabamiento o muerte–, una marcada influencia –al igual que la luna– sobre los seres vivos. En el plano físico, está comprobado que la temperatura corporal sube al atardecer. Los científicos, por su parte, plantean que durante el ciclo circadiano de 24 horas, nuestras capacidades sensoriales se agudizan y alcanzan un máximo precisamente al atardecer. "Al atardecer es cuando más se aprecia el hogar", decía Goethe. Y el gran Bulgákov pone en voz de Voland esta sentencia: "¡Dioses, dioses míos! ¡Qué triste es la tierra al atardecer! ¡Qué misteriosa la niebla sobre los pantanos!"

Podríamos pensar que mi amigo Juan Cueto Roig con su antología personal *Palabras en la tarde* (Verbum, 2017), donde incluye, muy acertadamente, una selección de sus poemas traducidos, al utilizar la expresión "la tarde", se planteara advertir al lector que se trata de un resumen de lo que él estima significativo o lo que más le satisface de lo que ha hecho hasta ahora, en un momento propicio para mirar atrás. Nada más lejos de la realidad.

Aunque sin duda hay muestras de lo anterior, a pesar de la fina ironía y el humor elegante que derrocha el poeta, parte de la carga de "la tarde" se filtra en las páginas de esta antología, que para complicar el asunto del título resulta que lo que hay en "la tarde" es "palabras". Así que de la misma manera que "tarde" nos remite, quizás hasta sin proponérnoslo, a un fin próximo de algo, "palabras" nos vuelve al principio de los tiempos, al logos primigenio, cuando lo que prevalecía al decir de otro Juan, el evangelista, era el Verbo, la palabra. "El Verbo que era con Dios, el Verbo que era Dios". Entonces el fin se transforma en un nuevo comienzo. Termina un ciclo y comienza otro.

Sin embargo, todo no es tan sencillo. "La tarde", su sonoridad y lo que ella conlleva, y por partida doble, está ya en el primer libro publicado por Cueto Roig, *En la tarde, tarde*, en 1996, hace 21 años. Y el título de su segundo libro, *Palabras en fila, en clase y en recreo*, publicado en el 2000, comienza precisamente con el vocablo "palabras". Lo que tal vez ponga de manifiesto la afinidad del poeta con ciertos términos —"tarde" y "palabras", en este caso—, algo que no es nada raro en el mundo literario. A mí mismo, y perdónenme que asuma la primera persona, me obsesiona el paso del tiempo y esa palabra, "tiempo", aparece en varios títulos de mis libros.

En resumen, como insinué antes, estimo que Cueto Roig, más que otra cosa, lo que hace es que saca a relucir el niño que lleva dentro y lo estimula para que juegue con el lector. Con nosotros. Y para ello nos ofrece, por ejemplo, peligrosas frutas: mamey, sandía, mamoncillo, anón, níspero, piña, coco –para terminar, antes de presentarnos a la pobre picuala y la "desafiante y altiva" palma real–, con una combinación de obvias connotaciones místicas, pero realmente problemática, la papaya y el plátano.

La papaya, sensual, pero decente,
trata en vano de cubrirse con las hojas
sus enormes ubres verdes.
Mientras el plátano a su lado descarado
exhibe sin recato
su racimo enhiesto.

Me gusta mucho de la primera entrega de Cueto la *Receta para un poema triste*, sus Sátiras, y sobre todo sus *Adivinanzas de la UNEAC*, vitriólicas pero divertidas. Y, desde luego, acompañado de una cita del padre Gaztelu, el poema que le da título al libro, que siempre que lo leo me recuerda otro de Gutiérrez Nájera, no porque se parezcan, que en nada se parecen, sino porque ambos coinciden en la preferencia sobre la última hora. El del mexicano comienza así: "Quiero morir cuando decline el día…"

El segundo libro –fresco, juvenil– es un tríptico que agrupa doce "haikus para un día lluvioso"; composiciones de diferente hechura, entre ellas *Cada noche Rufina* y *Destierro*, dos de mis textos preferidos; para terminar, quiero protestar enérgicamente porque dos de los poemas que más me entusiasmaban *Papa* y *Yuca*, el poeta los excluyó sin misericordia.

En la siguiente sección, Últimos poemas, Cueto reúne 6 textos. A mí los seis me parecen excelentes, pero no quiero dejar de mencionar *Viaje a un antiguo recorte de periódico*, que me impresionó por el horror contenido, un horror que no está en las palabras sino detrás y que no admite adjetivos. Un poema desolador. Pienso que *La voz de las ruinas* y sobre todo, *Su mirada, su sonrisa*, son dos grandes poemas atemporales.

Palabras en la tarde cierra con un muestrario bastante representativo de la labor de Cueto Roig como traductor. Una labor que no se ha estudiado como se merece y aunque se han realizado algunos comentarios muy elogiosos, tampoco ha obtenido la repercusión que requiere tan encomiable y meritorio trabajo. Porque si hay algo que identifica la mirada del poeta como traductor es su conexión, me atrevería a utilizar la palabra comunión, con el poeta traducido. Es una cualidad rara que va más allá del dominio del idioma y que entra dentro del campo de la sensibilidad. Cummings, por ejemplo, era un poeta que a mí me resultaba frío, artificioso, alambicado. Cueto lo despojó de andariveles y me mostró otro Cummings que yo no veía. De Kavafis, uno de mis poetas preferidos, hizo espléndidas traducciones, mucho mejores que algunas muy famosas. Y se los dice alguien que ha leído mucho a Kavafis. Sería prolijo nombrar a todos los poetas traducidos por Cueto. Si no lo han hecho aún, los invito a acercarse a ellos a través de nuestro amigo. Les aseguro que no se arrepentirán.

Palabras en la tarde, más allá de doctas o torpes elucubraciones que no llevan a ninguna parte, lo que hace es brindarnos un banquete de buena poesía. Sí, sé que es difícil definir lo que es buena poesía porque muchas veces ese criterio está en función de los tiempos y los gustos personales. No obstante, cuando el lector coge un libro y no lo puede soltar, he ahí un buen indicador. Este es el caso. Cueto, tal vez con excesivo rigor, ya que ha eliminado de sus dos primeros libros más de 30 poemas, ha construido una base sólida donde echarse a descansar sin reparos. Está hecho el trabajo y muy bien hecho. Él nos invita a adentrarnos en su mundo. Un mundo donde yo sigo viendo a ese niño travieso que nos hace guiños. Un mundo que es este nuestro pero también otro que fue y que ya no existe. Un mundo único y personal que sólo permanecerá en las palabras, en estas palabras filtradas en la tarde.

25 de febrero de 2017

PRESENTACIÓN DE *ALGUIEN CANTA EN LA RESACA*

Muchas gracias a todos los presentes por acompañarnos esta tarde de sábado en este lugar, que invita más al silencio y el recogimiento. Yo me siento muy contento de estar aquí, hoy, junto a mi amigo Joaquín, para sentirlo convocar a sus fantasmas. De alguna forma es también como estar al aire libre, caminando descalzo, sin prisas, escuchando el lamer de las olas sobre el tiempo y la arena. Llegando y retirándose, a un ritmo, que se acopla perfectamente a la respiración. Sentir el mareo de la vida vivida. Su resaca.

Resaca... Se dice del malestar que se siente por la mañana después de haber bebido la noche anterior mucho alcohol, cualquier alcohol, preferiblemente sobre el muro –el único muro posible para un cubano–, junto a los arrecifes, escuchando ese retroceso de las olas después de llegar a la orilla.

Es la resaca.

Resaca por partida doble, del ser humano y de su entorno marino. Lo físico, representado por el desequilibrio artificial de los sentidos, y el mar, natural y voluble, siempre como una promesa desconocida y promisoria a la vez –¿qué escondes mar al otro lado? se preguntaba Huidobro al tiempo de que nos advertía que de una ola a la otra hay la distancia de la vida–, y también, claro está, como prisión, "la maldita circunstancia" del mar por todas partes que atormentó a Virgilio Piñera.

Y así, con los sentidos transfigurados alguien canta en la resaca –cualquiera de las dos, la fermentación del tiempo o la vuelta de las olas contra la memoria; o con ambas en la mochila, a retortero–, y es un canto personal, único e irrepetible, pero compartido.

Ocurre que esa palabra, resaca, con todo lo que conlleva, con todo el lastre del que al parecer algunos no pueden –ni quieren– desprenderse asoma aquí y allá en los desgarramientos de muchos poetas cubanos que se han visto forzados al exilio. Estoy pensado ahora en David Lago González (*La resaca del absurdo*), en mi inolvidable amiga Edith Llerena (*Resacas del amor, aires y lunas*), ahora sumida en la extraña luminosidad de la locura; y también, aunque lateralmente, en Eddy Campa, en Esteban Luis Cárdenas, en Néstor Díaz de Villegas, y en Reinaldo Arenas, por sólo mencionar a seis de nuestros mejores poetas.

Ahora Joaquín Gálvez nos presenta su primer libro, *Alguien canta en la resaca*, donde desde el mismo título se nos advierte que lo que vamos a leer o –a escuchar– tiene el ritmo de las olas que quedaron atrás, pero que todavía martillean en los huesos, en la carne y detrás de los ojos.

Los poemas de este libro son las cicatrices que deja la resaca. Uno puede palpar su borde irregular, áspero, y su textura suave, casi dulce en el centro. Imaginar las lejanas postillas en las rodillas cuando aquel niño "venía a ver danzar los arrecifes" bajo sus pies, suficientemente armado con un tirapiedras. ¿Se necesita algo más para derribar un cíclope? Larga masa de carne de un solo ojo que todo lo ve y lo supura.

Poco después vendría la beatlemanía, el pelo largo, las sandalias, los pantalones estrechos y las camisas anchas, las escapadas del hogar, y también las recogidas masivas de muchachos que regalaban flores y recibían patadas... por ahí mismo. "¿Es que viajábamos en un submarino amarillo para llegar al fondo de la desesperación, o en Liverpool el twist ya no muestra sus frijoles mágicos?"

Todo eso mientras se crece y se ruega "la complicidad del mar" porque viene la era de las máscaras, de la doble moral, de la sonrisa y el aplauso de supervivencia. Y mientras, se descubre el amor en un parque, los ojos sobre el hombro siempre vigilantes, y se aprende que la madre no es un concepto sino la imagen de un pedazo de calle detenido en la infancia. Triste juventud aquella que también fue un poco la mía.

Joaquín Gálvez consigue ya con éste su primer libro publicado lo que algunos no consiguen nunca, una voz propia, reconocible, en formación. Sin aspavientos, ni galimatías presuntamente poéticas o ingeniosas, va armando su discurso, sus fantasmas y sus obsesiones, como en un susurro. La forma de hilar, de entrecortar, los versos le otorga un ritmo sosegado a su canto, cierto amargor, que exalta la resaca dispersa por todas las ciudades del planeta... "Pero hoy he recorrido todas esas ciudades y sólo he visto un barrio de La Habana".

Ahora no dilatemos más la prisa. Dejemos que la resaca nos acune o que nos zarandee. Escuchemos a Joaquín, que para eso estamos aquí.

Muchas gracias.

9 de enero del 2000

ES TRISTE SER GATO...

En la sección E del bloque 218 F, espacio 18, se encuentra la pequeña tarja, apenas sobresaliendo entre la hierba, como si quisiera pasar inadvertida. Allí se lee su nombre y debajo, entre dos fechas, el espacio que abarcó su existencia. Su vida breve, apenas 22 años. Cada vez que visito ese lugar –cerca está enterrado mi padre– cuando me inclino para dejar una rosa, casi siempre blanca, sobre la imitación de bronce, no puedo evitar que la aplastante certeza del paso del tiempo –cómo suman los años–, el agobio y la tristeza se mezclen con cierta rabia malamente contenida. Sólo necesitabas, le digo, me digo, unos pocos años más, tal vez tres o cuatro, para superar esa etapa, para dejar atrás al niño que nunca creció y endurecer el caparazón, hacerlo invulnerable. No lo sé. Pero salgo siempre de allí confundido y la rabia me dura más de lo que hubiese deseado. Porque he conocido a muchos escritores. Algunos de ellos con un gran ingenio fueron mis amigos, pero nunca conocí a nadie con un talento natural tan impresionante, tan provocador, tan deslumbrante, como el que vislumbré en Juan Francisco Pulido.

Desgraciadamente no tuve la oportunidad de tratarlo personalmente mucho, quizás fueron cuatro o cinco veces; el resto, podría resumirlo en unas cuantas llamadas telefónicas e intercambios de emails. Recuerdo la primera vez que lo vi. Yo llegaba a mi casa del trabajo y me lo encontré sentado en la escalera en compañía de varios amigos. Cuando me acercaba, se levantó a saludarme y era como si nos hubiésemos conocido de toda la vida. En otra ocasión lo recogí en el lugar donde se quedaba y nos fuimos a un restaurante a disfrutar de una buena comida italiana, que le encantaba, dicho sea de paso. Aquella primera noche, en mi casa, descorchamos unas cuantas botellas de vino, fumamos como chimeneas y hablamos de su vida y su literatura. Él llegaba con un libro que le habían premiado en Cuba, y se le notaba eufórico. Yo, por un lado, paranoico insufrible me limitaba más bien a escuchar; y por el otro, con el estigma profesional y académico que dejan décadas dedicadas a la enseñanza, a indagar conocimientos y más conocimientos; pero al poco rato aquellas barreras se derrumbaron, y charlamos todos como viejos amigos.

Pulido, a pesar de su juventud, se las había ingeniado para leer mucho y bueno. Le fascinaba el inglés y amaba la literatura y la música norteamericanas. Conocía la literatura francesa, los grandes malditos sobre todo, y a Rimbaud lo citaba de memoria. Lo atraía la marginalidad literaria y existencial de aquellos seres que vivieron al borde del abismo o sucumbieron en él. Locos, borrachos y suicidas. Su obsesión con el tema de la muerte y la autodestrucción se refleja en su obra.

Había leído, desde luego a Camus y se regodeaba citando las primeras líneas de *El mito de Sísifo*: "No hay sino un problema filosófico realmente serio: el suicidio".

En Pulido lo marginal, la búsqueda de la realización espiritual, la cultura en todas sus manifestaciones, el respeto absoluto por la individualidad, y la música como rebeldía –adoraba a Pink Floyd–, se mezclaban formando una amalgama esférica donde era muy difícil encontrar un centro, donde el equilibrio, si lo había, oscilaba entre los polos sin definirse. Sin embargo, sobre todas las cosas Pulido era un muchacho y un muchacho bueno, "en el buen sentido de la palabra bueno", como nos dejó escrito el poeta.

El libro por el cual nos hemos reunido hoy aquí, *Es triste ser gato y ser tuerto* publicado por Silueta, representa, un gran esfuerzo por parte de su familia para salvaguardar lo que se ha podido rescatar de la obra de Pulido. Todos los que supimos quererlo y apreciamos su enorme talento nos sentimos muy satisfechos, pues en él se recoge, íntegro, el único libro que llegó a publicar en vida, los cinco cuentos de *Mario in the Heaven's Gate y otros cuentos suicidas*, que ganó en 1999 el Premio Vitral de Narrativa convocado por Ediciones Vitral del obispado de Pinar del Río; más otros ocho, algunos escritos aquí, en el exilio. El libro se completa con varios artículos, un buen puñado de poemas, entre ellos el extraordinario *Páginas para un breviario*; varios trabajos firmados bajo Momo, que así se llamaba la sección que atendía en la revista Renacer, en su natal Cienfuegos, historias y cuentos con enseñanzas para niños con problemas; y un estremecedor epistolario, que incluye sus últimos textos. *Es triste ser gato y ser tuerto* es un paso más en la divulgación de la obra de este escritor y base para que estudiosos y académicos la reconozcan y valoren.

Prosa fresca, tempranamente madura, llena de aciertos y amarguras, irreverente como suele ser la buena literatura, de dolorosa ironía y poesía del caos y el desastre. Cuentos suicidas para un tiempo y lugar donde la juventud se pudre entre la desidia y el hastío. Historias donde las preguntas superan a las respuestas. Donde la duda se retuerce como la soga del ahorcado.

Juan Francisco Pulido, uno de esos seres auténticamente raros y excepcionales, un muchacho rebelde, con un talento fuera de serie y una fe a prueba de ultrajes, que sabía, y lo dijo, que la libertad tiene un precio y que hay que pagarlo, arribó al exilio con su brújula rota, flotando entre el cielo y la tierra. Se lo vi en los ojos aquella primera vez en mi casa, cuando llegó de noche con un ejemplar de su libro en la mano. Se lo noté en la voz, cuando respondía "por supuesto, por supuesto" a algunas de mis absurdas preguntas. Y en el desamparado desafío con que movía la cabeza y levantaba la frente. "Estoy aquí, estoy vivo, lo voy a conseguir", parecía gritar.

Lamentablemente no ocurrió así, su brújula no se podía componer. Fue otra llama al viento. Fue una ráfaga, pasó muy rápido. Nos dejó, un puñado de cuentos, fragmentos de novelas, poemas y cartas, donde plasmó sus sueños y obsesiones, un cuerpo existencial y literario que prueba, demuestra, que todo esto que he intentado torpemente expresar aquí, él lo tenía muy claro.

Quiero, para terminar, reiterar mi agradecimiento a todos los que hicieron posible la publicación de este libro que recoge el legado de Juan Francisco Pulido, especialmente a su familia aquí presente.

Y a todos ustedes, por acompañarnos esta noche lluviosa, muchas gracias.

Viernes **29 de abril de 2011**

EL GUARDIÁN EN LA BATALLA

Una tarde, hace ya muchos años, estaba en casa de uno de mis hermanos y me puse a curiosear los libros que se amontonaban sobre una mesa. Uno de ellos me llamó enseguida la atención, no podría decir por qué ya que no había nada especialmente llamativo en su portada. Lo abrí al azar y comencé a leer el primer párrafo donde cayeron mis ojos. Leí el segundo y ya no pude parar. Era un cuento, fui al principio y me lo leí de un tirón. Le pregunté a mi hermano y me dijo que él no conocía al autor, que se lo habían mandado por correo y que no lo había leído aun. Se lo pedí, me lo llevé y lo devoré. El libro en cuestión era *Mala jugada* de Armando de Armas.

Siempre me han fascinado los retos, lo desconocido, los descubrimientos. Es muy fácil entrar a un museo donde hay una muestra de Francis Bacon o Lucian Freud y hablar sobre ella. Todos los derroteros están trazados con anterioridad. Igual ocurre en la literatura. Hablar sobre la última novela de Zoé Valdés o de una nueva reedición de los poemas de Gastón Baquero. Hay una base, una obra previa, en la que nos podremos apoyar para adentrarnos y dar una opinión. Lo difícil es entrar en una galería donde está exponiendo un pintor por primera vez, y saber si aquello que estamos viendo va a trascender o no, si hay talento o no, si ese hombre o mujer tiene algo diferente que decir. Para eso no sirve toda la cultura que se tenga acumulada, ni los años vividos, ni la razón. Sobre todo la razón no sirve para nada en estos casos. La cosa viene de adentro, de una conexión que no podemos explicar ni precisar, pero que se establece y nos estremece. Lo mismo ocurre con un libro de un autor desconocido.

Me gusta pensar que yo tengo esa facultad para descubrir algo realmente nuevo. En la prosa de *Mala Jugada* lo sentí, había un hombre, un escritor, narrando su forma de estar vivo. Y lo hacía con una originalidad que hasta entonces no había encontrado en los autores que llegaban de Cuba. Era audaz, desenfadado, irreverente, marginal, no le tenía miedo a las palabras ni a las situaciones. No le importaba si su prosa divertía o insultaba. Era un provocador nato y el lenguaje, la sintaxis, se retorcían a su conveniencia. Y lo que completaba el panorama me encantó más aún: era visceralmente anticastrista. No podía ser de otra manera si se intentaba ser auténtico en la Isla del Diablo. O, lo que es lo mismo, del Monikongo en Jefe.

Fui a la presentación del libro y ahí conocí a su autor. Desde entonces lo sigo, leo todo lo que escribe y hasta ahora no me he sentido defraudado, sino todo lo contrario. Poco a poco fueron apareciendo sus libros, entre otros: la monumental novela *La Tabla*, escrita en Cuba. También *Caballeros en el tiempo*, los relatos de *Carga de la caballería*, que son de mis preferidos. Hace muy poco se publicó *Escapados del paraíso* y ahora acaba de ganar el Premio de Narrativa Reinaldo Arenas 2017 con *El Guardián en la Batalla*. Quiero aclarar que Armando de Armas es uno de esos raros escritores que escribe y además lee.

En *El Guardián en la Batalla* el autor despliega todo su arsenal técnico para narrar las aventuras de un guardia de seguridad en el parqueo de una clínica, junto a una colina y un expressway con sus miles de carros yendo y viniendo a toda hora. Decía Lydia Cabrera, con ese humor y esa ironía que la caracterizaban, que Miami era un potrero, lo único que en vez de caballos, había carros. Pensé en eso cuando me encontré que en la novela de Armando los carros se transformaban en hermosos corceles, que se movían a sus anchas por fastuosas carreteras. En el mismo lugar trabaja una bruja (tal vez una reencarnación de Urganda la Desconocida) que como es natural se desplaza en su escoba, friccionando de paso sus jugosas tajadas con la lisa madera. Por lo menos eso piensa El Guardián que le saca partido al asunto con sonoras combinaciones verbales, con divertidos juegos de palabras y elucubraciones que vuelven a las novelas de caballería, al Amadís de Gaula, tan caro al autor. Todo eso está aquí, pero también, y para mí, fue sorprendente, viniendo del que siempre he pensado que era un tipo antimusical, trozos y parodias de canciones, pueblo mío (aquí árbol mío) que estás en la colina, tendido como un viejo que se muere; palo palo palo palo bonito palo eeee, que salta para el palo mayombe y el palo monte, que se mezcla con versos, verde que te quiero verde, se hace camino al andar, los arroyos de la tierra me complacen más que el mar, tengo, vamos a ver; y juegos infantiles, qué llueva, qué llueva, La Virgen de la Cueva, la rana que no sana; o hasta romántico, coño, a lo Meme Solís, siento que si tú te me alejas, se me acaba la vida; o títulos famosos, la región más transparente, por ejemplo. Aquí, no se asusten, hay hasta cópulas carnovegetales. También correspondencia desde y hacia el infierno y emotivas descripciones de fotografías –una de las partes más hermosas del libro–, una particular Rama Dorada y hasta dioses egipcios haciendo de las suyas. El colmo es una parodia insólita, malévola e insidiosa, de un clásico de la literatura revolucionaria de los años 60: ¡La-ca-be-za-de-Ba-tis-ta! ¡La-ca-be-za-de-Ba-tis-ta!, tema central de uno de los cuentos de *Los años duros* de Jesús Díaz se transforma aquí en ¡la-ca-be-za-del-Ca-ba-llo! Batista se ha trasmutado en un Caballo. En fin, el mar. Quiero decir: otro Armando de Armas legítimo.

Pero quiero advertir a mis amables y sufridos escuchas que no deben abrigar falsas esperanzas, es decir, que no se embullen que no voy a contar el desarrollo ni el desenlace de esta novela merecidamente galardonada. Los interesados estarán obligados a comprarla, que es para lo que están hechos los libros, para comprarlos, leerlos y colocarlos en el librero.

Sólo me resta felicitar a mi amigo Armando de Armas por este premio y desearle salud y futuros triunfos.

Muchas gracias

13 de diciembre del 2017

LA TÉTRICA MOFETA Y SAKUNTALA LA MALA, DOS PERSONAJES TERRIBLES

Tuve la suerte de conocer a Reinaldo Arenas siendo un adolescente y aunque ya en aquellos tiempos yo tampoco era un dechado de cordura, me maravilló su arrebatada sencillez, su obsesión por la lectura y su irreverencia ácida. Pronto nos hicimos amigos y descubrí que aquel guajirito cerrero, capaz de trepar una mata de aguacate a una velocidad increíble, ganarle corriendo a mi hermano Nicolás –una auténtica bestia insumisa– o nadar como Johnny Weissmüller, era también, además de escritor, un personaje. Un personaje que poblaba no sólo sus libros sino también sus cartas, sus infinitos chanchullos y hasta La Habana de toda una época. Un personaje que se hacía llamar La Tétrica Mofeta.

El nombre está relacionado con el título de la segunda novela de su pentalogía, *El palacio de las blanquísimas mofetas*, que no es más que una metáfora del país y de aquella cosa horrenda que estábamos viviendo y que todavía continúa.

Conocí en Cuba, por boca del propio Reinaldo Arenas, de la existencia del otro personaje que nos ocupa, Daniel Sakuntala, más tarde apodado la Mala. Vino a propósito de uno de los tantos comentarios suyos sobre *La vida secreta de Truca*

Pérez, una mítica novela de la que todos hablaban en el mundillo intelectual habanero, pero que casi nadie había leído, y que, como en su momento *Otra vez el mar,* la policía, ávida lectora, buscaba con gran afán. Precisamente buscando *Truca Pérez* fue que a Carlos Victoria, ese escritor y amigo marielito desaparecido hace ya casi dos años, le hicieron un registro en su casa, le incautaron, según cuenta él mismo en el documental *Havana,* toda su obra escrita hasta ese momento y lo interrogaron durante meses en Villa Marista, que viene a ser como la santa sede del Palacio de la Mofeta en Jefe, alias Fifo. Y al autor de la problemática novela, Daniel Fernández, lo condenaron a cuatro años de prisión.

A Daniel lo vine a conocer en Miami, en una galería donde exponía mi hermano Juan. Alguien me lo presentó, no recuerdo quién. Inmediatamente me di cuenta de que aquel ser estaba completamente enloquecido, pero era el tipo de locura que siempre me ha interesado. Tomando todas las medidas de protección que el caso requería, me quedé conversando con él un tiempo prudencial. Creo recordar que me dijo que ya sólo leía libros de jardinería y que Urano, formando aspectos negativos con Neptuno impedía la reforestación del Prado de La Habana, por lo cual La Engañadora no tendría otra opción que suicidarse, si es que aún estaba viva. Si no fue eso lo que me dijo, sería algo delirantemente parecido. Huí espantado.

Años después trabajamos juntos por más de un lustro y tuve la oportunidad de conocerlo bien, en la medida en que es posible conocer bien a alguien. Aprendí mucho de su apabullante erudición, de su afilado sentido del humor, y disfruté de su amistad. Corroboré, claro, que seguía loco, pero su locura, como diría el poeta, estaba amasada con la misma materia con que se tejen los sueños. Hoy tengo el privilegio de estar aquí presentando este libro que vi nacer, donde dos personajes que también formaron parte de mi vida, de alguna manera se enfrentan y debaten. Una batalla deliciosa, de alto riesgo, donde sale triunfante la literatura. Una literatura marcada por la genialidad: pateada, escarnecida, parida con dolor, como ha de ser la buena literatura. "Escribimos para nuestra generación, si acaso, pero a veces, ni eso. Y está ahí la verdadera dimensión de nuestra tragedia literaria como generación, que escribimos para gente que nunca pudo leernos", dice Daniel en alguna parte de su novela.

No temo decir que *Sakuntala la Mala contra la Tétrica mofeta* es una obra maestra, porque lo es. Uno de esos libros que se dan uno o dos en una generación. Una gran novela cubana y universal, una obra excepcional. Está escrita con las entrañas, eso se nota, pero en todo momento su autor –un maestro del lenguaje, un verdadero azote de gerundios como el Aretino lo fue de príncipes–, conserva, para decirlo con pedantería, un pleno dominio de sus medios expresivos. Una novela originalísima, viva, que recoge toda una época, "esa época maravillosa y terrible en la que fuimos, a pesar de todo el horror que nos envolvía, despiadadamente jóvenes". Un retrato de sus gentes, tiernas, irreverentes y divertidas; pero sobre todo, un acto de fe, de amor y un homenaje, quizás el más sentido que se le haya rendido hasta ahora al autor de *El mundo alucinante*, Reinaldo Arenas.

No voy a contar la novela, de eso se encargará, supongo, el propio Daniel. Sólo adelantaré que es el producto de varias conversaciones que sostienen Sakuntala la Mala con el periodista Daniel Fernández, donde el primero trata de poner en limpio su nombre de los furibundos ataques que le propinó en vida la autollamada Tétrica Mofeta. El deseo de contar las cosas tal como sucedieron o al menos tal como él las vivió, y de explicar el origen de ciertos resabios y de la presunta mitomanía del autor de *Viaje a La Habana*.

No me queda más que darles las gracias a todos por su presencia, por su paciencia, e invitarlos a leer *Sakuntala la Mala contra la Tétrica mofeta*. La van a disfrutar.

Muchas gracias.

Centro Cultural Español, **17 de septiembre 2009**

ENTREVISTAS

Abreu Felippe: la historia como TRAGEDIA

Por Armando de Armas

José Abreu Felippe es uno de esos escritores a la vieja usanza, quizá los únicos que hay, quienes viven no por, ni para la literatura, sino que sus vidas mismas son la literatura o, al menos, materia prima para la obra literaria, gente rara que se deja la piel, y a veces el alma, en el texto, en la elaboración del texto, quiere decir, de existencias como pretextos.

Martí Noticias. ¿Por qué la Historia es una constante en muchas de sus obras?

JAF. El hombre y la historia están indisolublemente ligados. Me interesa el hombre respondiendo, le guste o no, al momento que le tocó vivir y que él no escoge; sólo reacciona. Me es difícil acometer un tema sin relacionarlo con un lugar y un momento. En el caso cubano, la Historia, con mayúsculas, es una sucesión de tragedias que a veces se concatenan, lo que hace más sustancioso, paradójicamente, el acto de narrar.

MN. En su libro *Tres piezas*, encontramos que en *Orestes*, el mismo Orestes asegura en diálogo con Electra: "No hay otra guerra que la mía, y ésa, la he perdido. No hay paz para el que huye. Jamás, ni aunque lograse escapar, llegar a un sitio; porque bien sabes que cuando se emprende la fuga se huye de todo y para siempre. A la vez que has partido, no hay sosiego sino en el retorno". ¿Regresaría usted a la isla de la que un día escapó? ¿Regresaría a vivir?

JAF. No lo sé, me gustaría por la ilusión de reencontrarme con un yo que ya no existe en un lugar que tampoco existe. En el desterrado algo se desarticula, se rompe y se esparce. No hay sosiego, gasta el resto de la vida, huyendo. Kavafis, resume la tragedia en un poema que yo cito en *Dile adiós a la Virgen*: "La vida que aquí perdiste la has destruido en toda la tierra".

MN. ¿Es el hombre un eterno exiliado?

JAF. Algunos hombres, no todos. Muchos nacen y mueren sin alejarse cien millas del mismo sitio. Les oyes decir que así son muy felices y que no tienen necesidad de ir a ninguna parte. ¿De qué se exiliarían? Otros son extranjeros en su propia tierra. Los segundos son menos aburridos.

MN. ¿Es el escritor un doble exiliado?

JAF. Es muy difícil (y probablemente inútil) hablar del escritor en abstracto. Yo te puedo decir que el escritor que me gusta leer (que casi siempre es el mismo que prefiero mantener a distancia) es un exiliado por todas partes. Son inconformes, hacen juicios a priori, protestan por todo, no militan en ningún partido, los han pateado muchísimo y poseen un exquisito sentido del humor. No caen bien, no se acomodan en ningún sitio. Son más bien seres solitarios. Mencionar nombres resultaría pedante, pero un hecho sintomático es que mientras en la vieja Europa (y en USA) se siguen escribiendo ingeniosas boberías bien cotizadas, documentados mamotretos históricos muy cinematográficos o galimatías posmodernas (finos productos de gente que no ha sido pateada), la gran literatura está llegando de antiguos países comunistas, liberados de la esclavitud y la censura. Es curioso que muchas de esas grandes novelas fueron escritas por mujeres.

MN. Luego, de ser positivas las respuestas a las dos preguntas anteriores, ¿un escritor que escapa de una tiranía es un exiliado por partida triple?

JAF. Hay un haiku, anónimo, que dice: "Un exiliado/ lo será de por vida/ y de por muerte". Vaya, que la cosa parece mucho peor.

MN. En la pieza *Provisional, desechable y biodegradable*, del mencionado libro, el personaje Juana lee y cita constantemente el *Libro de la Decrepitud de José Abreu Felippe*. ¿Existe ese libro? ¿Es José Abreu Felippe un personaje?

JAF. Toda vida avanza hacia la decrepitud. Sólo necesita de tiempo para llegar. Esa pieza trata en parte de eso, una pareja maltratada por el tiempo y el uso, avanza hacia la decrepitud y se niega a aceptarlo. Él, mujeriego. Ella, los celos materializados; pero aún sueña y el texto aludido tiene un efecto excitante, hace función de afrodisíaco. Aproveché la experiencia personal en ese campo (el de la decrepitud, desde luego) para enriquecer con unas notas un texto lleno de contradicciones, pues la pareja que reniega del amor vive en él y lo alimenta. Que el nombre del autor del *Libro de la Decrepitud* coincida con el mío, no es algo de lo que deba vanagloriarme.

MN. Hablando de personajes, ¿qué sintió al verse tratado como tal en un libro del académico madrileño Ramón Luque que acaba de aparecer en España bajo el título de *Última novela: Cuba, 30 años del Mariel*, publicado por el sello Aduana Vieja?

JAF. Me divirtió mucho. La descripción física que hace de mi personaje motivó que le enviase mis padrinos al autor... Que se justificó, alegando que si reflejaba la belleza física y espiritual que detectó, el personaje no sería creíble. Como es natural, le contesté que eso sería un mal menor y le permití, claro está, que escogiera las armas (rogándole que, por favor, soslayara el florete, ya que por mi edad y peso, estaría en franca desventaja).

Obviando esto, es de agradecer que un español joven (cuando sus congéneres tienen los ojos –y otros rincones de sus anatomías– puestos en la isla) se fijara en un grupo de cubanos desconocidos y no sólo se interesara por su tiempo y sus circunstancias, sino que las escribiera. Algo realmente insólito.

MN. ¿Pudiéramos decir que la pieza *Provisional, desechable y biodegradable* se mueve en la imprecisa, sinuosa zona que habría, habitaría entre lo real y lo irreal, entre la vigilia y los sueños, entre el espíritu y la materia?

JAF. A lo que ya dije de la pieza podría agregar que, en efecto, hay un poco de todo eso. También que los personajes son remedos modernos de otros más antiguos. Hay un rejuego temporal que a mí me animó mucho cuando la estaba concibiendo.

MN. En muchas de sus obras se aprecian atisbos del mundo de lo espectral e inasible. ¿Personalmente cree que algo de nosotros sobrevive tras la muerte?

JAF. Depende del día de la semana. Ayer era capaz encender velas y ponerme a conversar con mis fantasmas y con los que no son míos. Hoy no creo ni en la madre de los tomates y pienso que cuando muera, todo se acabó. Que mi mundo muere conmigo. Mañana, probablemente me ponga a recitar mantras. Unos días me da por pensar en el oportunismo espiritual de Pascal y en otros cito a Hinostroza con aquello de que "es miserable el tiempo que se pasa sobre la tierra suponiendo que no hay un infinito." Y así. El hombre es cosa vana, variable y ondeante (Montaigne).

MN. ¿Teme José Abreu Felipe a la muerte?

JAF. ¿Quién se atrevería a decir que no sin hacer el ridículo? Pero he visto ya demasiados muertos para saber que el tránsito suele ser breve. Que no es nada difícil morirse. Un dolor de muelas puede durar más que la agonía. Más que a la muerte, le temo al dolor. A quedar inutilizado dentro de un cuerpo inútil.

MN. ¿Cómo le gustaría morir?

JAF. Quiero morir cuando decline el día,
en alta mar y con la cara al cielo,
donde parezca sueño la agonía,
y el alma, un ave que remonta el vuelo.
No escuchar en los últimos instantes,
ya con el cielo y con el mar a solas,
más voces ni plegarias sollozantes
que el majestuoso tumbo de las olas.
          (Gutiérrez Nájera)

MN. *Siempre la lluvia.* ¿Cómo se relacionan la lluvia, la muerte y la sangre en esa dura, excelente novela suya?

JAF. *Siempre la lluvia* es la novela de la adolescencia de mi personaje. De mi adolescencia y la de toda una generación de cubanos. Octavio tiene 16 años cuando lo reclutan para el Servicio Militar Obligatorio. La novela está dividida en "jornadas", como las películas rusas de la época. Tres jornadas, cada una marcada por una muerte, aunque la última queda abierta, no se sabe qué pasa con el muchacho, quizás se salve, piensa Octavio, que cargó con él 32 kilómetros a caballo por una desolada llanura, con ese fin. La sangre recorre la novela y la lluvia la barre.

(para Martí Noticias, **10 de enero de 2010**)

José Abreu Felippe, la libertad de un camino

Por Denis Fortún

Llevaba dándole vueltas al asunto hacía tiempo. Incluso, lo había conversado con Luis (de la Paz) un par de veces, quien me animó siempre para que lo hiciera.

"Me acuerdo cuando te conocí en casa de Armando de Armas", le diría a José Abreu Felippe, con ganas de mortificarlo un poco por la ironía de un paralelo que, de no haber acontecido, a lo mejor esta entrevista habría sido en otro sitio. Agregando que por suerte no sabemos de ninguna María Antonia y mucho menos nos asiste gana alguna de montarnos en ningún yate. Y la invitación que pueda surgir, sea la de tomarnos unas cuantas botellas de vino y continuar conversando, muy lejos de la beligerancia revolucionaria.

Nada, sin tanta formalidad y verbo, finalmente confieso que he importunado un poco, con unas cuantas de las innumerables preguntas que todavía le guardo, a alguien que considero uno de los más importantes escritores cubanos que habitan este exilio diverso. Respuestas que le agradezco enormemente al amigo; al Magíster Ludi Joseph Abreu, como le digo a veces en broma, en lo que espero que me hable de Hermann Hesse, o me mande lejos…

Denis Fortún. ¿Quién es José Abreu Felippe?

José Abreu Felippe. Nunca me he hecho esa pregunta. Pero supongo que es un tipo buena gente. Hace más de seis décadas que lo conozco y no hemos tenido ni un Sí ni un No.

DF. Tus novelas, poemas, tu dramaturgia, tu obra en general, ¿una enorme catarsis que no cesa?

JAF. No lo creo. Una catarsis, en el sentido griego, es una purificación de las pasiones por la contemplación del arte. En medicina se refiere a la eliminación de sustancias tóxicas para el organismo (¿tabaco, alcohol?) y en los medios culteranos se habla de la eliminación de recuerdos o ideas perturbadoras. Me temo que mi escritura no cae en ninguna de las tres categorías. Más bien he intentado retener los recuerdos, fijarlos, con la ilusoria obsesión de que perduren.

DF. ¿Por qué un libro de relatos como *Yo no soy vegetariano* (al que prefiero llamar *El Arrascapié*) no ha sido presentado aún? ¿Acaso demasiado fuerte, al punto que temes asustar al lector puritano? De paso, cuéntame por qué le cambiaste el título y si hoy no te arrepientes de haberlo hecho.

JAF. No, en lo absoluto. Tengo otros libros que no he presentado nunca. *Tres piezas*, es un ejemplo reciente, para no ir más lejos. *Yo no soy vegetariano* es un divertimento que parte de la novela que acabo de publicar y que se presentará en unos días. Por eso se lee en la contratapa de *Yo no soy vegetariano*: "Nueve personajes de una novela inédita poseen algo en común: todos tuvieron en su juventud un encuentro sexual con un ser extraño, que los marcó para siempre". En la novela salen esos personajes y participan, con El Arrascapié, en una simpática ceremonia de iniciación en el medio del mar. En la novela se menciona el nombre original del libro, *Hechos del Arrascapié,* e incluso aparece un cuento que no está recogido en *Yo no soy vegetariano*. Cada personaje y cada cuento son metáforas temáticas: la religión, la guerra, etc. Yo me divertí mucho escribiéndolo. Obviamente prefiero *Yo no soy vegetariano* como título, es más cínico.

DF. La literatura homoerótica, gay ¿continúa siendo una suerte de Cenicienta en las letras por tantos mojigatos, seudomoralistas u homofóbicos que todavía nos rodean hoy, o piensas que se trata de buen momento y, como aseguran algunos, ahora es el tiempo rosado de las letras?

JAF. No creo que exista nada llamado "literatura gay". De la misma forma que no creo que exista una "literatura feminista". La literatura es buena o mala. Cualquier intento de encasillamiento va en contra de la obra misma. ¿A alguien hoy en día se le ocurriría pensar que *La Ilíada* es literatura gay porque trata de la cólera de Aquiles ante la muerte de Patroclo?

DF. El teatro en Miami, ¿goza de buena salud o se trata de un empeño que desgasta enormemente y apenas si da frutos? ¿Faltan dramaturgos?

JAF. Yo pienso que sí, que goza de buena salud, a pesar del desdén de políticos y poderosos. Surgen nuevas salas, nuevos grupos y se presentan obras de calidad constantemente. Ahí están los infatigables Sandra y Ernesto y su Teatro en Miami Studio que ya se están preparando para el segundo festival de teatro local, TEMFest2011; Juan Roca y Havanafama; Yoshvani Medina y ArtSpoken; Yvonne López Arenal y Akuara Teatro; más Avante, Prometeo, Abanico, Teatro 8, Trail, entre otros que harían muy larga la lista.

DF. Dime, ¿de todos los géneros en que te desenvuelves en la literatura (prácticamente todos), cuál prefieres, cuál te resulta más cómodo al instante de crear?

JAF. No tengo preferencias. Casi siempre cuando viene una idea lo hace acompañada de su forma. Uno se da cuenta si es un cuento, una obra de teatro, etc.

DF. Eres un escritor exigente, un crítico mordaz, por lo que incluso hay quienes temen escucharte. Con esa franqueza que te distingue y que yo disfruto, dame tu opinión de la literatura cubana en el exilio, cómo la ves dentro de unos años, y para ti cuáles son las voces (o letras) que podrían dignificarla.

JAF. La literatura cubana actual está en el exilio. La razón es muy sencilla: para escribir (y esto es válido para cualquier manifestación artística) se necesita libertad. Libertad para escribir lo que se desee, cómo se desee y cuándo se desee. Aquí tenemos la obra poética de Eddy Campa, de Esteban Luis Cárdenas, de Jorge Oliva, que perdurará. Esteban también escribió un cuento extraordinario, *Un café exquisito*. Hay excelentes prosistas como Manuel C. Díaz y Armando de Armas; Daína Chaviano y Zoé Valdés. Esto por nombrar sólo cuatro, la lista sería francamente interminable. Sin olvidar que aquí murieron Lydia Cabrera, Carlos Montenegro, Lino Novás Calvo, Enrique Labrador Ruiz, Agustín Acosta, Reinaldo Arenas, Roberto Valero, René Ariza y un largo etc.

DF. ¿Consideras que existe un enfrentamiento real entre escritores de las dos orillas, o crees que la complicidad por las letras, el ser parte de un gremio y de una nacionalidad, favorece a un entendimiento menos traumático? ¿Perdonarías a aquellos que en su momento fueron apologistas de una dictadura? ¿Vale la pena la indulgencia con alguien que fue capaz de cantarle a un sistema como ese?

JAF. No creo que exista ningún enfrentamiento. Más bien una guerra de omisiones. Constantemente están llegando artistas de la isla de todos los géneros y se presentan y el que lo desea va a verlos. De aquí hacia allá sólo van los que tienen el visto bueno de la dictadura. Si no los quieren allá, no los dejan entrar y punto. Yo no soy nadie para perdonar o condenar. Les doy el mismo tratamiento que ellos me dan a mí: nos ignoramos mutua y cordialmente.

DF. *Habanera fue*, la escribiste junto a tus hermanos Nicolás y Juan como un homenaje a la madre que se va definitivamente. Coméntame un poco de la experiencia y dime si te atreverías a repetirla.

JAF. Fue un proyecto difícil, doloroso, pero a la vez gratificante. Creo que valió la pena. No sé si repetiría esa experiencia. Pienso que no.

DF. Hablar contigo de literatura, de Cuba, finalmente me remite a Reinaldo Arenas; algo que no puedo evitar, ni quiero. De los tres Abreu (Las Brontë como dicen que él gustaba de llamarlos en broma), ¿con quién se identificaba más Reinaldo, se sentía más cómplice?

JAF. No lo sé y lamentablemente, ya no se lo puedes preguntar a él. Yo era amigo suyo de muchos años y se lo presenté a mis hermanos.

Nosotros nos reuníamos en mi casa o en el Parque Lenin, a leer, a conversar, todos juntos. Y cada cual se relacionaba a su manera. Nicolás, por ejemplo, lo ayudó mucho cuando se mudó para el hotel Monserrate. Entre otras cosas le fabricó una buhardilla con falso techo y todo. También fue la única persona que tuvo el valor de presentarse como testigo de la defensa en el juicio a Arenas. Te imaginarás las consecuencias. A Juan y Reinaldo les gustaba salir de excursión o a pescar. Yo a veces lo recogía, cuando vivía cerca del Patricio y nos íbamos a caminar. Después nos sentábamos debajo de los pinos a leer. Ya en libertad, fue a la primera persona que me encontré en Madrid. Él llegó dos o tres días después que yo, en su primera visita a Europa, y descubrimos Madrid juntos. También fuimos a lugares cercanos, Segovia, Toledo, El Escorial...

DF. Háblame de *El Instante*, novela que presentará Editorial Silueta el próximo 18 de agosto; de la pentalogía en general.

JAF. *El olvido y la calma*, que es el título de la pentalogía, es un proyecto en el cual llevo trabajando más de treinta años. Surgió, siendo yo un adolescente, leyendo el *Juan Cristóbal* de Rolland. Desde ese momento me entusiasmó la idea de escribir –o describir– la vida de un personaje –un escritor– desde su nacimiento hasta su muerte. Después la vida, mi propia vida, se encargó de ordenarme el horror, mi propio horror, y dulcificar o envenenar el aire a respirar. De delinear etapas y poner las cosas en su sitio.

Pero la idea de este ciclo de novelas sobrevivió. Cada una de ellas debía ser un coto cerrado, independiente de los demás, autosuficiente. Y todas debían de parecer también diferentes entre sí, en su forma y contenido, aunque repitiera al personaje –claro, en una etapa diferente de su vida y por lo tanto otra persona, pero cargando los mismos lastres, los mismos, símbolos, los mismos círculos–, y el mismo mundo. La primera, *Barrio Azul*, se ocupa de la infancia y termina en 1958. La segunda, *Sabanalamar*, se centra en varios meses –de mayo a diciembre– de 1961 cuando Octavio, que es el personaje principal, tiene 14 años y participa en la Campaña de Alfabetización que se realizó ese año en Cuba. Es, entre otras cosas, el conocido encuentro de dos mundos, la ciudad y el campo, y el descubrimiento por parte del adolescente de sí mismo y de los círculos –y los símbolos– por donde deambularía su existencia. La tercera, *Siempre la lluvia*, va de 1965 a 1968, durante el Servicio Militar Obligatorio de Octavio y está, como las películas rusas de la época, dividida en Jornadas. Una jornada por cada año marcada por un espanto. El horror y la muerte señorean sobre cada una de ellas. La cuarta es *El instante*, que presentaremos el 18 de este mes, y transcurre entre 1971 y 1980. Octavio se enamora por primera vez en su vida y trata de nadar contra la corriente en medio de lo que ahora se ha dado en llamar el quinquenio gris (y después dicen que es imposible comprimir el tiempo). La novela termina con el asalto de 10,832 personas a la embajada de Perú en La Habana y su consecuencia, el éxodo del Mariel, donde la familia y su vida se rompen y se dispersan. Es una novela de amor que no tiene un final feliz.

Dile adiós a la Virgen es la novela que cierra el ciclo. Es el fin. Son los despojos de Octavio González Paula, Tavi, para sus íntimos, recogidos por su amigo Hugo que se niega a aceptar que su "maestro" fue un perdedor y se empeña en concluir la obra de su vida, de darle un sentido a su razón de ser. Así "veinte años después" –un homenaje a Dumas, que alegró mi juventud–, en diciembre de 2003 –lo que hace que la novela, cuando se escribió, fuera "futurista"–, él también al borde del fin, tal vez como prueba de amor, se sienta a ordenar –a recomponer– la novela que recoge los casi cinco meses últimos de la vida de Octavio en Cuba. De agosto a diciembre de 1983. Mes por mes. Para ello utiliza el material que le dejó Octavio y su propia –y no muy sofisticada– inventiva remarcada, por ejemplo, en el uso excesivo de paréntesis, algunas palabras muletilla, "errores" y la intromisión de su mundo personal, de su tragedia íntima, en la del amigo. La última parte se ocupa de la estancia del personaje en Madrid y de su exilio definitivo en Miami, donde muere.

DF. ¿Cómo te imaginas a José Abreu Felippe de haberse quedado en Cuba?

JAF. Ahorcado.

DF. ¿El Mariel, lo mejor que pudo pasar?

JAF. El Mariel fue un horror más en la larga cadena de horrores y monstruosidades que ha padecido la nación cubana, gracias a la llamada revolución. El horror es el legado personal de Fidel Castro y sus cómplices.

DF. Cuba: ¿una cicatriz curtida por el tiempo o definitivamente una herida que no cierra? De poder, ¿volverías...?

JAF. Más bien una herida que no se cierra. Y la tristeza de ver cómo un energúmeno enloquecido y subnormal puso todo su empeño en destruir un país y lo consiguió. No se puede mencionar un solo logro en más de medio siglo. Bueno, tal vez el de sobrevivir a toda costa, mintiendo, engañando, mientras asolaba un país y humillaba a sus habitantes. Ahora, ¿volver? Te dejo con este poema de Cernuda:

¿Volver? Vuelva el que tenga,
Tras largos años, tras un largo viaje,
Cansancio del camino y la codicia
De su tierra, su casa, sus amigos,
Del amor que al regreso fiel le espere.
Mas, ¿tú? ¿Volver? Regresar no piensas,
Sino seguir libre adelante,
Disponible por siempre, mozo o viejo,
Sin hijo que te busque, como a Ulises,
Sin Ítaca que aguarde y sin Penélope.
Sigue, sigue adelante y no regreses,
Fiel hasta el fin del camino y tu vida,
No eches de menos un destino más fácil,
Tus pies sobre la tierra antes no hollada,
Tus ojos frente a lo antes nunca visto.

Miami, exilio, **3 de agosto de 2011**
(publicado originalmente en Neo Club).

Estreno de *Alguien quiere decir una oración*

Por Ernesto García

A unos días, casi horas del estreno de *Alguien quiere decir una oración*, conversamos con su autor José Abreu Felippe.

Ernesto García. *Alguien quiere una decir una oración*, es la primera obra de un tríptico que incluye también *Si de verdad uno muriera* y *Muerte por aire*. ¿Qué te interesaba abordar en "Alguien..."?

José Abreu Felippe. *Alguien quiere decir una oración*, como todo el tríptico, responde a un desgarramiento. El 22 de marzo de 1995, tres días después de mi cumpleaños, muere mi madre en un brutal accidente. Yo, al igual que mis hermanos y el resto de la familia, quedé devastado. Es comprender de súbito que todo lo que habíamos aprendido no servía absolutamente para nada, que un instante hace la diferencia y que somos impotentes, insignificantes. Que el absurdo es la cotidianidad. Con esas obras intenté desahogarme, sacarme la rabia. En *Alguien quiere decir una oración*, los hijos se niegan a aceptar la pérdida y traman y ejecutan la venganza. Es también, desde luego, un homenaje a lo que se fue, a lo que ya no está ni estará jamás.

EG. Leo y repites en una entrevista que en tus obras hay "furia, rabia..." ¿Por qué? ¿Con qué? ¿Contra quién?

JAF. Está hasta en el título *Tríptico con furia, un aro y muy poco azul*. Sí, eso fue lo que me quedó después de la muerte de mi madre: furia, rabia. Sé que es infantil; no me importa. ¿Contra quién? Pues contra todo, contra la vida, contra "la asesina", contra mí. Todavía estoy furioso, creo que eso es lo que me ha ayudado a mantenerme en pie.

EG. ¿En tu opinión es importante la celebración de TEMFest? ¿Qué aportaría un festival local en Miami?

JAF. Creo que es fundamental, importantísimo. Esta ciudad lo estaba pidiendo a gritos. Ante la indiferencia ya clásica de los políticos por todo lo que huela a cultura, de los que tienen el poder económico y hasta de los jerarcas de cultura de la isla que sólo se ocupan de los muertos y de los dóciles, sólo nos quedaba a los que amamos el teatro, el tesón y la locura de gente como la que hace posible TEMFest. El teatro de Miami es de primea línea y el TEMFest está demostrando que esta premisa es cierta. Que si no quieren hacer el ridículo, tienen que contar con el teatro que se está haciendo aquí.

EG. ¿Si en cien años encontraran una sola obra teatral de Abreu Felippe, cual te gustaría que fuera?

JAF. *Si de verdad uno muriera.*

EG. Eres parte de los siete autores teatrales cubanos seleccionados por Luis de la Paz en el libro *Teatro Cubano de Miami*, editado por la Editorial Silueta y que tendrá su primera presentación en TEMFest el día 27 de octubre. En este caso tu obra *Rehenes*; háblanos de tus preocupaciones en esta obra que parecen afrontar la deshumanización de la sociedad.

JAF. Me siento muy contento de que mi nombre figure entre los seleccionados. Estar junto a Julio Matas y Matías Montes Huidobro, es ya, un privilegio. Yo paso mucho trabajo escribiendo, paro mis obras con dolor. Bueno, peor me resulta hablar de ellas. El exilio, el destierro, o la simple emigración voluntaria o por necesidad, es un castigo con matices. O con gradaciones de espanto. En mi obra hay el drama de unos padres exiliados, marielitos para más desgracia, con problemas con la hija que está embarazada. La hija tiene sus problemas con el novio a punto de ir a la cárcel. Todos son rehenes de la sociedad, todos formarán parte de alguna estadística. Estamos en el siglo XXI. Ya matar no significa quitar la vida. Ahora puede ser un espectáculo en tercera dimensión.

En TEMFest 2010

OCT 29/30/31 (VIERNES y SÁBADO a las 8:30 PM y DOMINGO a las 5:00 PM): Maroma Players/ICRA: *Alguien quiere decir una oración* de José Abreu Felippe dirigida por Rolando Moreno.

Transcripción de la grabación de la entrevista oral, centrada en el teatro, de Luis de la Paz a José Abreu Felippe efectuada el sábado 22 de febrero de 2003.

LUIS DE LA PAZ. ¿En qué momento de tu vida comienzas escribir teatro?

JOSÉ ABREU FELIPPE. Creo que es lo último que escribo. Comencé escribiendo cuentos, poesía; teatro fue lo último que intenté, por allá, a mediados de los setenta.

LdlP. ¿Qué te impulsó a ello?

JAF. Eso es algo muy difícil de precisar. La idea me vino y me dije, esto es una obra de teatro. Esto no es un cuento. Es una cosa que por lo general se ordena sola. Cuando viene una idea casi siempre llega con su forma, un cuento, un poema, una novela, una obra de teatro.

LdlP. Tú como poeta y narrador, ¿tratas de expresarte en el género acorde al tema que vas a abordar?

JAF. No precisamente al tema. Es algo muy difícil de explicar, repito. A veces un mismo tema puede abordarse de una u otra forma. Uno se da cuenta cuándo lo que está escribiendo se encamina en una u otra dirección.

LdlP. Una de tus primeras obra de teatro fue *Orestes*, después publicaste el libro de poesía *Orestes de noche*. ¿Qué importancia tiene para ti la cultura griega?

JAF. Tiene una importancia trascendental, y no sólo para mí, sino para toda la cultura occidental. La cultura occidental sale de ahí, eso es innegable. Pero a mí particularmente me interesa muchísimo, y no sólo los clásicos, *La Ilíada*, *La Odisea*, sino específicamente el teatro griego, Eurípides, Sófocles y Esquilo, que son sus pilares. Precisamente *Orestes*, que quizás haya sido, que yo recuerde, mi primera obra de teatro, la escribí de un tirón estando de guardia en la garita de la Escuela de Enfermeras del Hospital Nacional, un turno de guardia de esos de madrugada. Me senté y la escribí de un tirón. La tripa, claro, luego vendrían los ajustes.

LdlP. ¿En qué año fue eso?

JAF. El 17 de enero de 1975.

LdlP. ¿Por qué esa obra nunca fue publicada?

JAF. Bueno publicar y montar... en Cuba era imposible, y aquí no es fácil tampoco. Siempre es muy difícil publicar y más aún, montar. Cuando a uno se le presenta la posibilidad de publicar trata de recoger lo que le parece que está más acabado, y aquélla, quizás, hubiese sido una obra primeriza, aunque es una pieza que a mí me gusta todavía. Al menos la idea.

LdlP. ¿Cuál era el tema de la obra más allá de Orestes?

JAF. Bueno precisamente el tema era ése, estaba basada un poco en el *Orestes* de Eurípides y en el *Electra*, navegaba entre esas dos obras. Cogía algunos de los personajes, Orestes, Electra, Clitemnestra, Agamenón, Pílades, los sacaba de contexto con sus túnicas y su retórica divina y los colocaba en una Cuba muy rara. Algo parecido, guardando las distancias, a lo que hizo Virgilio con su *Electra Garrigó*.

LdlP. Tú escribes *Orestes* estando en Cuba y después, muchos años después, viajas a Grecia y visitas, por ejemplo, el tolo de Clitemnestra y... el palacio de Agamenón. ¿Qué hubieras hecho distinto si hubieras escrito esa obra después de visitar el lugar y no antes?

JAF. No creo que la hubiese afectado, porque en resumidas cuentas era trasplantar la tragedia griega al suelo cubano y variar un poco los valores. Aquí el crimen de Orestes no es que mate a nadie, sino que al escapar de su país muere Clitemnestra, de dolor –ese es su crimen, traiciona a la familia– y Agamenón y Electra se lo reprochan. Pílades, el amigo, lo ayuda en esa fuga y lo acompaña. Es la confrontación de lo isleño con el mar y la necesidad de huir ante la ausencia de la libertad. Eso en cuanto a la concepción de la obra. Es una obra que no tiene escenografía ninguna, todo estaba propuesto a través de luces... la arena, el cielo, el mar se hacía con colores, con luces. Eso era lo que yo me había planteado para esa obra, Así que en cuanto a escenografía no hubiera variado nada, y en cuanto a los personajes tampoco. Yo era, y creo que sigo siendo un lector insaciable, y tenía a todos esos personajes metidos en mi cabeza.

LdlP. ¿Esa obra existe? ¿La has vuelto a leer recientemente?

JAF. Existe, pero hace años que no la leo.

LdlP. En 1980 escribes en Cuba *Amar así*, una obra sobre los sucesos de la Embajada del Perú y el éxodo del Mariel Esa es la primera obra, de eso no me cabe la menor duda, que se escribe sobre el tema, pues fue escrita precisamente en los momentos en que estaban ocurriendo esos episodios. ¿Podrías hablarnos de esa pieza? .

JAF. Sí, es una pieza que se escribió precisamente en el ochenta, hacia finales del ochenta, estaba prácticamente dando los últimos aletazos el Mariel. Es un drama en dos planos. En uno, los acontecimientos que llevan a la Embajada del Perú y al éxodo del Mariel. Es una gran masa que pasa por detrás, con una serie de personajes típicos de aquel momento, de aquella época, y que van transcurriendo como un telón de fondo. Mientras, ajenos a ella, e inmersos a la vez, porque termina en tragedia, están los otros personajes, la familia y el drama del amor del personaje principal de la obra, que es Orestes también, y que su amor se ha ido por el Mariel y está solo. Otra vez está el drama de la familia. Orestes se cuestiona sobre qué clase de amor era el suyo que no fue capaz de retener. También la pieza utiliza elementos clásicos del teatro griego, pues, por ejemplo aparece Tiresias...

LdlP. Y coros...

JAF. Y coros y semicoros

LdlP. ¿Es *Amar así* una pieza de teatro contestatario?

JAF. Bueno, no sé, creo que no... o tal vez sí... no sabría decirlo... No creo que eso tenga mucha importancia. El teatro... mi teatro no es un teatro de barricada. Creo que el conflicto personal, la tragedia de la familia está por encima del contexto social donde está transcurriendo, que en ese caso en la revolución cubana, los sucesos del Mariel, pero bien hubiera podido ser la revolución de octubre o la revolución francesa. Es el telón de fondo. Lo que siempre me ha interesado, una de mis obsesiones, es la familia y como todo conspira para su desintegración.

LdlP. Sin embargo ese telón de fondo prima mucho, tiene mucho peso a lo largo de toda la obra, porque es como un hilo conductor, todos esos sucesos que fueron reales. Por eso me pregunto si te propusiste con esa obra hacer una pieza de denuncia social.

JAF. No, no me lo propuse. Tal vez cuando alguien la lea o la vea representada lo sienta así, como un grito de denuncia, porque todo aquello que estaba ocurriendo era sencillamente espantoso. Mi propósito era escribir una obra de teatro que recogiera aquellos dos dramas, el drama nacional y el drama individual de la familia, en un contexto dado, y en un momento dado.

LdlP. Tú sales al exilio y vives varios años en España, donde se hace muy buen teatro con muy buenos grupos. Al ponerte en contacto con ese teatro nuevo, con otra visión de enfocar el teatro, ¿ese hecho influyó de alguna manera en la forma de hacer tu teatro posterior?

JAF. Muy probablemente, porque a medida que uno vive, todo lo que uno vive afecta en la medida en que se ha vivido y cómo, con qué intensidad se ha vivido. O sea, que la creación y la vida están íntimamente relacionadas, están ligadas. Me parece a mí que uno no podría escribir nunca encerrado en una habitación, en el fondo de una cueva, durante veinte años. No tendrías de qué escribir, a no ser de la habitación o de la cueva y de cómo se relacionan contigo. Nada más. Para escribir hace falta acumular vida, y esa vida lo mismo es vida vivida que vida leída, o vida vista, y por lo tanto el teatro que yo vi, los libros que leí de alguna manera tienen que haber influido en mi forma de hacer; pero sobre todo por eso, por ser vida vivida. Yo no estaba allí en condiciones económicas de poder asistir al teatro todos los días, pero así y todo pude ver cosas muy buenas, entre ellas, *El público* de Lorca, la versión de Lluis Pascual en el María Guerrero. Levantaron el patio de butacas, fue algo espectacular.

LdlP. ¿Esa obra en particular de alguna manera influyó en tu concepción del teatro, en cómo sugerir escenografía, movimientos escénicos, etc.?

JAF. No, no creo que esa obra en particular me haya influido, pero me enseñó muchísimo.

LdlP. Tu teatro es profundo, poético. El peso lo lleva el texto literario más que los movimientos escénicos. ¿En qué piensas cuando concibes una pieza?

JAF. En que no sé cuándo se va a montar, y que por lo tanto a lo mejor yo no esté vivo cuando se monte, y que por lo tanto tengo que acotarla mucho y decir muchas cosas, ser muy minucioso, decir cómo quiero que se mueva Fulano y Mengano, para que, aunque el director, como suele ocurrir, no respete lo acotado por el autor, alguien sepa alguna vez, cuando la lea, cómo éste la concibió.

LdlP. ¿Qué opinas de la relación autor-director? ¿Cómo ves ese hecho, que un director tome una pieza y la transforme?

JAF. Yo creo que un director, a no ser que se la imponga un productor o algo así, cuando escoge una obra para representarla, supongo yo, que en la mayoría de los casos se deba a que siente afinidad por esa obra, que hay algo en esa obra particularmente que lo toca, y lo motiva a querer verla representada. Por lo tanto, desde mi punto de vista como autor, me parece que en la medida de lo posible el director debería respetar la forma y la esencia de la obra.

LdlP. ¿Temerías que algún director traicione el alma de una de tus obras?

JAF. Bueno, eso siempre puede ocurrir, aunque mientras uno esté vivo es un poco más difícil, porque uno sencillamente no autoriza la puesta. Creo que debe tener alguna importancia la visión del autor. Aunque eso es inevitable, siempre cada cual hará lo que le dé la gana y hasta cierto punto, por otro lado, es bueno, porque si no fuese así, ahora, en este siglo XXI no podríamos representar el teatro clásico griego, volver sobre al teatro griego, como se representaba en su época. Hay que cambiar un poco, hay que moverlo, hay que actualizar, hacerlo más asequible al público actual, al público de ahora.

LdlP. No me refiero a las lecturas que se le puedan dar a un texto, más bien pienso en las traiciones... incluir personajes, quitar cosas que quizás tengan un peso significativo en la obra...

JAF. Ahí es donde están los peligros, que una obra que sea, por ejemplo, contra la guerra, la vayan a convertir en otra a favor. Eso sería traicionar el espíritu de la obra.

LdlP. Tú escribes *Amar así* en 1980 y no vuelves a publicar teatro hasta diez años después. ¿Qué hiciste en esa etapa?

JAF. Escribir y vivir. Ya te dije que representar o publicar no depende del autor, ni del director, son factores externos. En el caso de un escritor... en 1980 cuando yo escribí *Amar así* estaba todavía en Cuba, y diez años después cuando escribí lo demás, había vivido varios años en Madrid, luego había venido a Miami con el caracol arriba, la familia a rastras, tratando de ver cómo resolver los problemas elementales de la vida, pero así y todo escribí mucho en ese tiempo. Aunque no tanto como hubiera querido.

LdlP. ¿Teatro?

JAF. Teatro y otras cosas.

LdlP. Veo tu obra *Parapetados* como una pieza de la incomunicación, la soledad, el temor. ¿Qué te propusiste con esa obra?

JAF. Eso es bien complejo. Yo no creo que uno se proponga nada específico en una obra... al menos en mi caso yo no me propongo nada. Cuando se me ocurre una obra, un poema, un cuento, una novela, lo que sea, yo veo un principio y un fin, y lo que va a ocurrir en el medio. Generalmente de la idea general se cambia hacia una dirección o hacia otra, pero la esencia siempre permanece. Es muy difícil, creo que a mí nunca me ha ocurrido que la concepción inicial varíe... pero sí, *Parapetados* tiene la imagen futurista, de ciencia ficción, en cuanto a su presentación, a su factura, aunque en realidad es el drama del ser humano frente a la naturaleza, o de la naturaleza ante el desarrollo, la tecnología, el mundo, pero en esencia se trata de lo mismo, del problema de la libertad y de la familia.

LdlP. *Parapetados* fue tu primera obra llevada a escena. ¿Qué impresión recibiste cuando fuiste al estreno?

JAF. Bueno estaba muy nervioso, siempre eso ocurre, supongo, uno se pone muy nervioso, era la primera vez que yo iba a ver algo mío montado... Ver a unos actores repitiendo las palabras que uno escribió, causa una impresión rara, muy especial. Es un estreno donde sólo uno sabe lo que cada cual va a decir y lo que va a ocurrir. Ves cómo la ropa que uno imaginó la confeccionaron o cómo construyeron, con los medios disponibles, la cueva, a partir de lo que tú imaginaste. Creo que es muy emocionante. Creo que la palabra sería emocionante.

LdlP. ¿Cuáles son los rasgos más notables de tu teatro?

JAF. Bueno, eso tendrían que decirlo los críticos. Yo te puedo hablar de lo que a mí me interesa. A mí me interesan mucho los temas fundamentalmente del hombre, es decir la vida, la muerte, el amor, los temas clásicos de siempre, nada nuevo, y sobre ello escribo, en especial sobre la familia, el amor y la muerte, que creo que son los motores que mueven la vida y mueven al mundo.

LdlP. ¿Crees que tu dramaturgia se sitúa de alguna manera en alguna corriente moderna?

JAF. Bueno me han calificado de postmoderno, de absurdista, de cruel. No lo sé, quizás tome un poquito de cada cosa. Yo trato de hacer teatro utilizando los elementos que me convienen sin ponerme a averiguar a qué corriente pertenecen. No me importa cómo van a encasillar la obra. En realidad ese tipo de casillas, de etiquetas no me preocupa mucho. Lo importante es que quede bien.

LdlP. De alguna manera el absurdo, la crueldad, etc., son corrientes latentes en la vida del hombre y de alguna manera hay que utilizarlas siempre, porque...

JAF. Ahí están Ionesco y Becker que son inevitables. Están ahí, gravitando sobre las gentes que escriben teatro.

LdlP. ¿Qué nos puede decir de *Un cuerpo que con el tiempo se va perfeccionando*?

JAF. Esa es una obra sobre el paso del tiempo y sobre las cosas que van quedando o que no van quedando. Fundamentalmente el paso del tiempo sobre el cuerpo y las relaciones humanas. Es una obra sobre eso, el paso del tiempo y las relaciones humanas. También, probablemente, sobre la soledad en la vejez.

LdlP. Sin embargo ese paso del tiempo y las relaciones humanas están tratados en tu obra con cierto sabor amargo, hay algo muy ácido en esa obra.

JAF. ¿En qué sentido?

LdlP. En la manera en que se enfoca la historia de ese individuo por el que está pasando el tiempo. No hay alegría, sino cierto rechazo de sí mismo.

JAF. Bueno en esa obra, precisamente hay un detalle muy cruel, y es que los actores están hablando de sus barrigas, de sus calvas, de sus enfermedades, y lo que el espectador está viendo son dos hombres y una mujer jóvenes y saludables, por eso una de las cosas que yo indico es que deben ser personas jóvenes, para que estén hablando de lo que ellos ven, pero que todavía nosotros, los espectadores, no vemos, pero que ya está ahí. Así que la crueldad es doble, el ver una persona hermosa en escena con un hermoso cabello, por ejemplo, y decir que ya está calvo, que está barrigón, o que tiene un cuerpo feo, o sea, mantener la degradación que el paso del tiempo efectúa sobre el cuerpo humano, pero cuando el cuerpo todavía es joven. Me parece que sí, que hay algo de crueldad, de acidez, de acritud en ella. Porque lo único que se mantiene joven y no sólo joven, sino que con el tiempo se va perfeccionando, es el recuerdo, es la memoria de lo que ya no está.

LdlP. Tu libro *Teatro*, reúne cinco piezas, ya hemos hablado de dos de ellas, el resto es un tríptico. ¿Qué enlaza ese conjunto de obras?

JAF. La muerte, porque son tres obras que están provocadas por la muerte de mi madre. Creo que la muerte las recorre de principio a fin. Son tres obras independientes, como tres espejos apuntando, reflejando un mismo hecho, un mismo fenómeno, que es el de la muerte, pero vista desde tres puntos de vista diferentes, con tres situaciones diferentes, y tres acciones diferentes, pero creo que lo que señorea en las tres obras es la muerte.

LdlP. Has hablado de la muerte y es un tema fundamental en tu obra, no sólo en tu teatro, en tu poesía, en tu narrativa... la muerte, la muerte siempre al acecho.

JAF. Yo creo que sí. La muerte siempre es la misma, pero cada hombre muere a su manera, como decía la McCullers. Yo creo que es un problema clave que está ahí, sin que eso implique en lo absoluto cierto regodeo en la cosa de la necrofilia, ni en la escatológica, ni nada por el estilo. Sino, sencillamente, es un tema básico, que está ahí, y uno de los misterios más grandes a los que se enfrenta el hombre, ver cómo la muerte actúa sobre la vida. Hay algunos que se preguntan si hay vida después de la muerte, o algo así. Uno tiene que vivir como si no se fuera a morir nunca, pero a su vez vivir como si fuera el último minuto de la existencia, tratar de agotarlo, de llenarlo al máximo. Vivirlo con alegría, vivirlo felizmente, sin remordimientos, pero sabiendo que ese tema está y que vale la pena explorarlo.

LdlP. ¿Le tienes miedo a la muerte?

JAF. En lo absoluto, ninguno

LdlP. Aun siendo tan persistente en tu obra.

JAF. Ningún miedo, desde el punto de vista personal, le tengo. Al dolor sí le temo.

LdlP. De la misma manera que en tu obra pesa el tema de la muerte, también pesa la juventud, la vitalidad...

JAF. La vida, las ganas de vivir...

LdlP. Exacto. Entonces cómo es esa relación... esos elementos que a veces se presentan en una misma pieza, la relación vitalidad-muerte.

JAF. Es la misma relación de Eros y Tánatos, es algo que existe, que se ha reflejado desde la antigüedad. Son las dos caras de una misma moneda. No es nada nuevo, no estoy innovando el tropo y la metáfora, sino explorando desde mi punto de vista, desde la experiencia de un hombre del siglo XXI, un aspecto que ha sido tratado desde que la humanidad es humanidad.

LdlP. Sí, pero hay quienes lo tratan con más énfasis o menos.

JAF. Así es.

LdlP. Quisiera que nos hablaras de las obras del tríptico.

JAF. Yo le puse *Tríptico con furia, un aro y muy poco azul*, y creo que ese título resume muy bien lo que yo quise hacer, porque es un tríptico furioso. Hay una furia, una rabia, hay la impotencia ante la llegada inesperada de la muerte, eso está ahí. Un aro porque es un círculo, lo que se abre y se cierra, es un símbolo, pero también es un anillo, una pulsera, son elementos que están en las tres obras. Muy poco azul porque yo creo que la muerte es lo contrario de lo azul, la muerte, quizás, tenga colores más sombríos, más grises, más opacos; no azules. Lo azul yo lo relaciono con la amplitud, con el mar, con el cielo, cosas abiertas, cosas amplias, llanuras inabarcables, que eso es todo lo contrario de lo que es la muerte. Eso quise recoger en el título. El tríptico lo integran *Alguien quiere decir una oración*, que quizás es el drama visto desde el punto de vista de las víctimas, los hijos, y cómo ellos enfrentan el conflicto familiar. También es una venganza, y por supuesto, la posición de la asesina. *Si de verdad uno muriera*, que es la obra central del tríptico, y la que más me gusta a mí, o a la que más cariño le tengo, que plantea eso de lo que hablábamos hace unos momentos, si la vida que hay en la vida trasciende la muerte. Eso se plantea de alguna manera en la obra, porque hay dos personajes que aparentemente regresan a un sitio que puede ser el lugar de donde proceden, el lugar de nacimiento, la tierra natal, a reencontrarse con las gentes que dejaron atrás, es decir con sus muertos, y empieza una confrontación entre todos ellos. Al final la pregunta que se hacen y que queda abierta es si de verdad uno muriera, porque parece que en ese caso particular no ha sido así, que hay algo que ha quedado más allá de la muerte y que quizás tenga que ver con algo físico, con algo terrenal. Es una obra muy compleja. En realidad el tríptico es muy complejo.

LdlP. ¿De dónde sale el título *Si de verdad uno muriera*?

JAF. Bueno esa frase en particular... Si yo creyera que existe el otro lado, que no sé si creo que exista, podría decir que la frase me la dictó mi propia madre después de muerta... Una vez estaba yo en un hotel fuera de Miami, y tuve como una visión de ella que me decía cosas y entre las cosas que me decía lo único que yo podía entender era esa frase. Y había como una gran lamentación, como una gran pena, como una gran carga en esa frase. No era una frase que pudiéramos decir de alegría al comprobar que existía, sino más bien todo lo contrario, más bien un pesar porque de verdad uno no muriera.

LdlP. ¿Y la última obra?

JAF. Esta es la más alucinante y es donde se presenta el conflicto entre Eros y Tánatos, de una manera más visible, más abierta, más explícita. Es una obra muy dura, muy difícil de montar, y que tiene grandes cargas de mortandad, de cosa putrefacta y a su vez de vitalidad, de vida, de carne viva.

LdlP. ¿Cuando estructuras una obra no piensas en la posibilidad del montaje?

JAF. Yo concibo la obra de determinada manera en mi mente, incluso hago algunos croquis de cómo debe estar situada la utilería, los objetos, los personajes, me guío por planos mentales y a veces físicos, pero me importa cuatro pepinos lo que otras personas pudieran pensar sobre eso en un determinado momento. Yo lo concibo y así es como me gustaría que fuera. La tragedia del exiliado, que nosotros que hemos tenido que arrastrar aquí en Miami, me imagino que en otras partes también, es la falta de recursos para poder montar una obra. Entonces los dramaturgos han tenido que recurrir a una especie de tabla de salvación que yo llamo teatro miseria, hacer teatro a cámara negra, con un tarequito, una sillita. Yo lo comprendo, pero no me gusta. A mí me gusta imaginar grandes escenarios, máximo esplendor, mucha utilería, muchos personajes... bien difícil... Ya se montará, me da lo mismo que sea ahora o dentro de doscientos años.

LdlP. Casi siempre la música que propones para tu teatro es música cubana, sin embargo en el tríptico usas una canción tuya, El almendro. ¿Esa canción la compusiste precisamente para esa obra?

JAF. Creo que no hay contradicción porque yo soy cubano también, por lo tanto si es música cubana y yo soy cubano, la música que yo pudiera hacer es también música cubana. Pero, efectivamente, me gusta mucho la música cubana, y la música clásica cubana, la música tradicional cubana, María Teresa Vera, El trío Matamoros, La Lupe, Beny Moré, Bola de Nieve, Panchito Riset, Vicentico Valdés, porque también fue la música que acompañó mi infancia, mi adolescencia, la que le oía cantar a mi madre, y cuando yo las pongo recupero un poco de ese tiempo donde sonaron esas melodías. Esa canción en especial es de los años setenta, cuando a mis hermanos y a mí nos dio... siguiendo un poco la huella de Serrat con Machado y con Hernández, de musicalizar textos. Mi hermano Juan tocaba la guitarra, yo tocaba un poquito también. Teníamos un amigo que sí tocaba mucha guitarra y en ese sentido nos ayudó a perfeccionar las canciones. Así le pusimos música a poemas de Casal, Gutiérrez Nájera, Quevedo, Lezama y por supuesto, el ego no se podía quedar atrás, de nosotros mismos también, de poemas que escribíamos en esa época. *El almendro* es un poema de esa época, que no es nada, es ver el almendro cuando empiezan sus hojas a ponerse moradas y a caer, hay como una lluvia y mi madre barriéndolas en el portal. Esa es la canción. La música es de mi hermano Juan y la letra mía.

LdlP. El crítico Matías Montes Huidobro ha dicho que tu teatro es difícil. ¿Qué piensas de esa opinión?

JAF. Bueno, sí, yo pienso que mi teatro es un poco difícil desde todos los puntos de vista, desde su realización y desde lo que se plantea... pero que algo sea difícil debe ser un motivo más para realizarlo, nos advertía Rilke.

LdlP. Otro crítico como José A. Escarpanter ha dicho que tu teatro tiene elementos de la crueldad, el absurdo, etc. ¿Estás de acuerdo también con esa opinión?

JAF. Sí, estoy de acuerdo con esa opinión también.

LdlP. *Rehenes* es también una obra amarga, una especie de anti-todo. Cuéntanos algo de esa pieza.

JAF. Es una pieza también difícil de concebir, porque como en casi todo lo que yo hago, tiene una raíz en algún lugar de mi cuerpo, en algún lugar de mi existencia, en algún lugar de mis circunstancias, y por lo tanto cuando uno trata de algo de su cuerpo, de algo de sus circunstancias, le cuesta trabajo, le es difícil, es como un pedazo que uno se desgarra para exhibirlo, hay cierto exhibicionismo en eso también y uno trata de moldearlo, de hacerlo tolerable. Es una obra donde hay mucha rabia contenida y sobre todo está llena de preguntas sobre esta sociedad, sobre este momento en que estamos viviendo, en que las cosas son de una manera y tal vez no deberían de ser así, o que pudieran ser de otra manera. Es también un poco el problema de cómo la mecanización, la industrialización, la tecnología, los mecanismos, digámoslo de alguna manera, legales o burocráticos, llegan a regular la vida de una persona o de una sociedad hasta el extremo de que la deshumaniza, cuando lo más importante, el centro de toda ley, de toda sociedad, debe ser el ser humano y todo lo demás debe girar en función del ser humano y no al revés, y eso se está perdiendo, se está perdiendo bastante. Creo que avanzamos hacia eso, hacia la despersonalización total donde el ser humano se encamina a ser una tuerca, una máquina, un número, un chip que va a estar controlado desde un satélite, y se va a saber cada movimiento, que va a estar controlado desde el ADN y eso es algo terrible y creo que es algo que debe evitarse. Y lo peor: que se le evaluará en función de lo que valga, de cuánto dinero rinda, aporte o consuma.

LdlP. *Amar así* es una suerte de grito contra las sociedades totalitarias, las sociedades cerradas y las sociedades donde se persigue al hombre...

JAF. Y contra la pérdida también.

DdlP. Y contra la pérdida también. *Rehenes* ¿pusiera ser entonces un grito contra la sociedad norteamericana, contra la sociedad de consumo...?

JAF. Creo que tal vez haya algo de eso también. Yo creo que en realidad uno no debe planteárselo así. Uno sencillamente tiene la obligación de exponer, lo que uno ve, lo que uno entienda de la manera más honesta posible y que las demás personas, los espectadores en este caso, saquen sus propias conclusiones.

LdlP. *Rehenes* está estructurada al estilo del teatro antiguo griego. ¿Hay un regreso a esos elementos clásicos que ya estaban presentes en *Amar así* y en *Orestes*?

JAF. En realidad yo nunca me he alejado, más bien lo que hay es como un homenaje, un símbolo, porque las tres partes en que podría estar dividida la obra toman su nombre de las divisiones clásicas de la tragedia griega, por lo tanto es como una advertencia, como un aviso de que esto que vamos a ver es una tragedia griega aunque parezca otra cosa.

LdlP. En toda tu obra gravita la presencia de ELLA, que tú utilizas con mayúscula. ELLA es un personaje mítico, mágico, también amoroso, definitivo en algunos aspectos. ¿Quién es ELLA, qué hace ella, por qué ELLA?

JAF. ELLA también aparece en *Rehenes* aunque con otra dimensión. ELLA es un personaje comodín que yo utilizo en otras obras, incluso también en literatura, según como me convenga en cada caso. Generalmente puede ser la muerte, tiene mucho de la muerte, pero a veces es como una conciencia que nos va diciendo lo que no queremos escuchar, que es algo que ocurre también en *Rehenes.* Pero quisiera apuntar también que *Rehenes* es un poco el drama del emigrante, en especial del emigrante latinoamericano y cubano en particular, que por las circunstancias generales muchas veces está condenado a formar parte de las estadísticas, la de los embarazos prematuros, de los crímenes, los divorcios, en fin, casi siempre estadísticas negativas, debido a que son personas, en el caso de los cubanos que tienen que abandonarlo todo, salir con las ropas que tenían puestas y casi siempre empezar de cero, casi siempre en las circunstancias más duras y para unos padres tratar de educar a unos hijos así es bien difícil, en un lugar pequeño; tratar de educar muchachos cuando los están bombardeando por la televisión con los carros más lujosos, las casas más ostentosas, las ropas más costosas, determinados equipos electrónicos, determinados juegos, y los muchachos son muy vulnerables... la música... Es muy difícil y hay que tener mucha entereza, y una educación particular. Quizás los adultos puedan sobrevivir, pero a los muchachos les cuesta mucho trabajo, y generalmente llegan a formar parte de las estadísticas.

LdlP. Eso está también en *Rehenes*.

JAF. Eso está precisamente en *Rehenes*. Con eso termina la obra. ELLA cuando se retira, cuando ha visto el caos en que se debaten los personajes principales, que son como tres versiones también, pues en la primera parte es como la versión de los padres, después la de los hijos, y en la última parte es como la versión de la sociedad sobre aquellas gentes, cómo la sociedad reacciona sobre la familia y sobre los individuos en particular, y le dice eso, al final, ella se quiere retirar, no quiere participar más, porque está cansada de las estadísticas, que las gente que ella ama lleguen a formar parte de las estadísticas.

LdlP. ¿Ese ella es ELLA?

JAF. Sí, es ELLA

LdlP. Alguien ha afirmado que el teatro que se escribe en el exilio no es teatro cubano.

JAF. Eso es una barrabasada y una estupidez. El cubano el único teatro que puede escribir es teatro cubano, de la misma manera que el francés sólo puede escribir teatro francés y el alemán el teatro alemán. Da lo mismo donde estén. Eso son estupideces.

LdlP. Algunos grupos de teatro se preocupan por llevar a escena propuestas de la Isla y no consideran la obra de otros autores cubanos como Julio Matas, Héctor Santiago, Matías Montes Huidobro, Eduardo Manet, tu propio teatro, y eso sólo para citar algunos nombres. ¿A qué atribuyes esa indiferencia hacia el teatro cubano?

JAF. En primer lugar allá ellos con su condena, ellos se lo pierden. Aquí hay muy buenos dramaturgos, buenas personas que hacen teatro, buenos escritores de teatro, y me parece que no podemos decir lo mismo de los directores. Hay algunos interesantes, pero en general el teatro cubano en el exilio ha adolecido de buenos directores. También hay directores que tienen que dedicarse a sobrevivir y a montar tonterías o vodeviles, o cosas comerciales para sobrevivir, porque montan *Esperando a Godot* y tienen que cerrar a la segunda representación.

LdlP. ¿Tú crees que la falta de recursos...?

JAF. No es sólo eso, hay muchos factores gravitando sobre la situación. Es bien difícil, no estamos en nuestro suelo, y escribimos en un idioma que no se entiende en el país.

LdlP. Tu novela *Siempre la lluvia* integra una obra de teatro, ¿por qué la incluiste en ese libro y no la trataste independientemente?

JAF. Porque es una obra muy loca, y más bien lo que hace es utilizar el lenguaje teatral para describir determinada circunstancia, ocurre en una funeraria, una cosa muy loca. No sé si pudiera clasificarse como una obra teatral en sí. Necesitaría de ciertas matizaciones y de cierta reescritura para llegar a convertirse en una obra teatral. Más bien lo que yo me aprovecho es de la técnica y el lenguaje teatral para meterlo en una novela, cosa que no es un nada nuevo, ya lo han hecho muchas gentes.

LdlP. ¿En qué proyectos trabajas actualmente?

JAF. Sigo trabajando en el gran proyecto de mi vida que es mi pentalogía, que yo me propuse hace casi treinta años, de escribir la vida de un personaje desde su infancia hasta la muerte. Escribí *Sabanalamar*, que la acabo de publicar, donde el personaje tiene catorce años, *Siempre la lluvia* a la que tú aludías que es cuando el personaje está en el servicio militar. Hay tres otras novelas, una que se ocupa de la infancia y las otras dos que se ocupan todavía de Cuba y la última un poco del exilio donde muere. En teatro trabajo actualmente en *Provisional, desechable y biodegradable,* algo que ni sé cómo clasificar.

Sabanalamar, entrevista con José Abreu Felippe
(febrero 2015)

Por Jesús Hernández

"Corría el año 1961, impulsado por el llamado a una masiva campaña de alfabetización", así comienza la sinopsis de la nueva novela del escritor cubano José Abreu Felippe, *Sabanalamar*, que presenta este jueves 21 en la Feria del Libro en Miami. Y continúa, "Octavio, un adolescente de catorce años, decide incorporarse, separándose así por primera vez, de su familia. Es enviado a un apartado caserío llamado Sabanalamar.... rodeado de gente sana y laboriosa, descubre los distintos rostros de la naturaleza y su belleza única. Se enfrenta a sus desafíos, descubre el sexo y conoce la violencia. Se viven momentos de euforia colectiva por la llegada de un gobierno que promete justicia social para todos..."

Poeta, narrador, dramaturgo y ganador del Premio Gastón Baquero de Poesía (2000), en España, el escritor recurre a la adolescencia para crear una novela, originalmente escrita en Cuba y reescrita en Miami, sobre las experiencias del joven Octavio, lejos del único mundo que hasta entonces conocía. Son ciento seis capítulos, la mayoría breves, de no más de 1 o 2 páginas, que intercala con fragmentos del diario del muchacho y describe el "uevo" mundo de manera muy gráfica, con lugares y hechos específicos, utilizando un vocabulario de fácil lectura, acorde a los años juveniles del protagonista y narrado por un adulto, el escritor, descubriendo cada suceso y también conectándolo de manera comparativa a otro anterior, y casi siempre relacionado con la familia.

Jesús Hernández. El primer capítulo, "La Ermita", describe el sentimiento formal del protagonista. Inclusive parte de su fe religiosa. ¿Crees que Octavio era un católico verdadero?

José Abreu Felippe. La ermita es un lugar pero también un símbolo en la vida de Octavio. La novela abre y cierra con una capítulo titulado precisamente así, "La Ermita". El muchacho tiene sentimientos religiosos muy arraigados, de eso no hay dudas, aunque yo no estoy muy seguro si podría considerarse un "católico verdadero", entre otras cosas, porque es bien difícil, qué sentido darle a esa expresión, sobre todo a los catorce años.

JH. La escena del desayuno de los curas. Particularmente la descripción de la acción de la introducción del trozo de pan en la leche. ¿Buscabas mostrar la solemnidad del encuentro alrededor de la mesa o simplemente deleitarte con un buen fragmento de escritura y lectura después?

JAF. No podría explicarlo, pero siempre he sentido aversión a mojar el pan en la leche. Hay, quizás, una confrontación de realidades. Octavio proviene de un hogar muy humilde y aunque el salón donde se reúnen a desayunar no es precisamente el Palacio de Versailles, sí se manifiestan ciertos contrastes. De cualquier forma creo que lo fundamental es la atmósfera, la formalidad casi ritual en algo tan cotidiano como es tomar el desayuno.

JH. "El Amor", capítulo 42, página 121, describe esa primera experiencia vital cuando el adolescente comienza a ser adulto físicamente por medio del contacto carnal. Y planteas el hecho de manera alegórica pero inocente y hermosa, acorde al personaje. Mencionas las experiencias carnales de Felipe, un adulto, al principio del capítulo, ¿lo haces para plantear una comparación de sensaciones entre el adulto y el adolescente?

JAF. Hay algo de eso. Pienso que la primera experiencia de esa índole marca la forma en que Octavio verá las cosas a partir de entonces; algunas de sus reacciones. Hay algo que se derrumba y algo que nace. Una transición en progreso. Es un momento bonito en la vida del personaje.

JH. Octavio regresa a casa. Corre al encuentro de la familia primero, la madre, cuyo calor y protección ansiaba. Y sólo ve la ermita desde lejos. No cuentas si la vuelve a visitar. Dejando así que el lector haga sus apreciaciones. ¿Pudiera ser que no la vuelve a visitar?, ¿tal vez influyó la experiencia más humana que recién tuvo, o inclusive la nueva retórica sociopolítica del país vedando la fe religiosa?

JAF. Todo lo contrario, yo creo que se cierra el círculo. Parte de la ermita, y a pesar de todo lo que le ha ocurrido, del cúmulo de experiencias y sensaciones nuevas, regresa al punto de partida, que es su hogar, su familia y, desde luego, la ermita.

JH. Seguro que disfrutaste mucho al escribir esta novela de la misma manera que el lector lo experimenta al leerla. A todos nos gusta recordar los tiempos de la adolescencia. ¿Qué relación guarda Octavio con el escritor?

JAF. Escribir, ya se ha dicho muchas veces, es una maldición y una locura. El escritor viene a resultar un masoquista a ultranza. No obstante, yo no puedo negar que disfruto torturándome. Octavio debe tener mucho de mí, supongo. Está hecho a trozos. Vida leída y vida vivida.

Nedda G. de Anhalt entrevista a José Abreu Felippe. (julio y 2019)

Nedda. Me llama la atención que ustedes tres, hermanos, sean escritores, ¿fue influencia del hogar, de los padres?

José Abreu Felippe. Eso es un misterio. Mis padres eran personas sencillas. Mi madre quedó huérfana de madre a los cuatro años. Avelino, el padre, se casó con otra mujer y durante cuatro o cinco años, si te vi no me acuerdo. Después se divorció y se volvió a casar con una muchacha, recogió sus hijos y se los llevó para que ella los siguiera criando. Con ella, que se llamaba Blanca y que nosotros llamábamos abuela, tuvo cuatro hijos, pero todos se le murieron antes de cumplir los cuatro años. Un buen día, fiel a su estilo, arrancó y no volvió más. Le dejó la casa de mampostería que él mismo había construido. Pero volviendo a mi madre, esos primeros años la atendió su abuela materna, a la que yo llegué a conocer, se llamaba Concepción Torres, pero todos le decían Tata. Fue una mujer de gran temple, isleña; su marido, también canario, cayó preso cuando la Guerra de Independencia, por colaborar con los mambises, y murió en la prisión de Ceuta. Tata nunca más lo volvió a ver. Quedó sola en Cuba con cuatro muchachos y se unió a un negro, buenazo, que trabajaba en los tranvías, cuando estos eran halados por caballos. Yo lo conocí, un hombre muy serio, nunca lo oí hablar, siempre sentado en un rincón del cuarto. Le gustaba coleccionar cajitas de fósforos, tenía montañas de ellas. En fin, la consecuencia para mi madre de esa peculiar infancia fue que no llegó a terminar el sexto grado. Mi padre no tuvo una mejor suerte. Su padre también abandonó a la madre y ésta no tuvo más remedio que dejar el campo –vivían en Alquízar–, e ir para La Habana a buscar trabajo como costurera. Abuela María repartió a sus hijos por distintos colegios, todos a pupilo. Mi padre creció entre María Jaén en Marianao y el Preventorio Martí, en Cojímar, que era para tuberculosos pero que fue uno de los lugares, gracias a una amistad, donde lo aceptaron. De viejo, mi padre me contaba que a él nunca le celebraron un cumpleaños. No se quejaba, era sólo un dato curioso. Cuando tenía como catorce años el padre lo sacó del colegio y lo puso a trabajar para él en un negocio que tenía de envasar miel de abeja que se llamaba La Selecta. Conclusión, tampoco pudo terminar el sexto grado. Así que no eran grandes letrados. Mi madre, trabajando como una mula en la casa, con cuatro fieras, que éramos nosotros, martirizándole la vida. Mi padre, haciendo malabares con los 17 pesos que ganaba a la semana para vestir, calzar y alimentar a una familia.

De mi infancia lo que más recuerdo es que siempre nos estábamos mudando. Se acumulaban los meses de alquiler por pagar y al cabo nos desahuciaban. Muchas veces íbamos a parar a casa de mi abuela Blanca que invariablemente nos recogía. Al final, después de deambular por La Lisa, Santos Suárez, Jesús del Monte, Mantilla, y otros repartos, nos quedamos a vivir con abuela. Ella tenía una casita al fondo de la suya, pequeña, de madera, con un solo cuarto, que alquilaba. Cuando se desocupó nos la dejó a nosotros. Pipo le pagaba cuando podía. Allí en el portal, de piso de cemento, con una baranda de balaustres de madera, pintada de verde, por las tardes, mi padre se sentaba a leer el periódico. Yo desde el suelo lo miraba de reojo. Mientras movía mis soldados de pasta sobre el cemento, me preguntaba qué tendrían aquellos papelones que lo mantenían tan absorto. Era una rutina diaria. A veces, cuando él terminaba, yo, a hurtadillas, les echaba una ojeada, pero salvo las tiras cómicas los domingos, no encontraba nada que justificara aquella pasión. Los sábados, casi siempre se aparecía con uno o dos muñequitos –así le llamábamos a lo que aquí se conoce como *comics*–, Supermán, Tarzán, Los Halcones Negros, El Pájaro Loco… Los devoraba y también los dibujaba, fijándome, nunca calcando, que a esa técnica no le veía la gracia. De vez en cuando mi padre –o mi tía Araceli– venía con un ejemplar de la revista Selecciones, que era todo un acontecimiento. Ahora, libros, lo que se llama libros, en esos años no había ninguno en la casa. Así que vuelvo a responder como al principio: Es un gran misterio. Sobre todo en lo que se refiere a mí; mis hermanos más pequeños, la tuvieron más fácil.

Nedda. ¿Qué libros leías de chico? ¿Cuál fue tu favorito?

JAF. Recuerdo que una vez, tendría nueve o diez años, mataperreando descalzo por las calles sin asfaltar y los matorrales de mi barrio, me hice una tremenda cortada en el dedo gordo del pie derecho. Mi madre no me llevó al médico, dijo que aquella herida se cerraba con reposo y como sabía que en la casa no lo iba a hacer, me mandó con una vecina, amiga suya, de carácter muy recio, que me tuvo varias semanas sentado en una silla con el pie levantado descansando sobre una almohada. Sólo me levantaba para ir al baño o para acostarme. Mi madre me traía la comida. Dormía en un amplio sofá rojo que había en la sala. La reclusión se convirtió, pronto, en una bendición. Aquella maravillosa señora tenía tesoros inimaginables que me iba dosificando para que me estuviera tranquilo y entretenido. Así fueron llegando a mi vida *Los misterios de París* y *El judío errante* de Eugène Sue y *Los Pardaillán*, la famosa serie de Miguel Závaco. Eran unos cuantos tomos y cada uno traía varias novelas, todas apasionantes. Eran mis preferidos. Recuerdo algunos títulos: *En las garras del monstruo*, *La espía de la Médicis*, *Horrible revelación*, *La abandonada*, *La dama blanca* y *El fin de los Pardaillán*. También la señora poseía varios ejemplares de la revista Billiken, creada por el periodista uruguayo Constancio C.

Vigil, que eran una delicia. Aprendí mucho aquella temporada gracias a mi herida en el dedo gordo del pie derecho.

Confieso que no leí en mi infancia los libros que se suelen leer. No llegaron a mí y cuando eso ocurrió, ya era demasiado tarde. Todo tiene su tiempo, dice el Eclesiastés. Mis lecturas de adolescencia empezaron por Poe y Kafka, válgame Dios. Mis hermanos sí pudieron disfrutar, en cuanto a lecturas, de una infancia prolongada. Yo los tenía inscritos en el Departamento Juvenil de la Biblioteca Nacional y todos los domingos, religiosamente, los llevaba para que se abastecieran de libros para la semana. Después, cuando tuvieron la edad, ellos mismos se cambiaron a Circulante. Para ese entonces, prácticamente, ya se habían leído el Departamento Juvenil completo.

Nedda. Cuéntame de la amistad de ustedes con Reinaldo Arenas. Tengo entendido que se quedaba a vivir contigo o con alguno de tus hermanos cuando iba de vacaciones a Miami.

JAF. Conocí a Reinaldo cuando trabajaba en la Biblioteca Nacional y con el tiempo nos hicimos amigos. A veces, los domingos, yo lo recogía donde vivía, cerca del Círculo Social Obrero Patricio Lumumba, y nos pasábamos el día en la playa nadando y leyendo. Más tarde mis hermanos, y algunos amigos como Luis de la Paz, nos reuníamos a intercambiar libros y a leer nuestras cosas, primero en mi casa en el

Reparto Poey y al final en el Parque Lenin. Mi madre y él se llevaban muy bien, cuando enfermó de meningitis ella fue la que lo inyectó durante todo el tiempo. Reinaldo no se perdía ningún fiestón, como los quince de mi hermana Asela, y casi siempre venía a esperar el año nuevo con nosotros.

Los momentos más difíciles de nuestra relación en Cuba fueron los relacionados con la etapa en que estuvo escondido en el Parque Lenin. La madre vino a avisarnos y a partir de ese instante no hubo tregua. Con la casa vigilada por la Seguridad del Estado, nos las arreglábamos para, después de dar vueltas y cambiar de ómnibus muchas veces para despistar a los perseguidores, llegar al Parque para llevarle dinero, comida o cualquier cosa que necesitara. Reinaldo se dejó crecer el bigote y usaba unos espejuelos que yo le di, que habían sido de mi padre. Dormía en una alcantarilla cerca de la presa, abrigado –estábamos en diciembre– con una colcha vieja y periódicos. También le llevamos una almohada, libros, una libreta y una pluma. En ella empezó a escribir *Antes que anochezca*. El título jugaba, desde luego, con la idea de la muerte, pero también con que tenía que escribir mientras hubiera luz. Ese tono juguetón, aún en las peores circunstancias nunca abandonó a Reinaldo. Le veía el lado cómico a todo. Era parte de su carácter, romántico, desprendido, pero bastante desconectado de la realidad. Reinaldo todo lo transformaba en literatura, sin importarle en lo más mínimo si al hacerlo hería a alguien, amigo o enemigo. Eso como era de esperar le trajo bastantes problemas.

Reinaldo fue, sin duda, el escritor más talentoso de su generación. Tenía una voz muy bonita, movía las palabras en una cadencia suave, preñada de matices. Al leer llevaba el ritmo con un movimiento lateral de cabeza, que al principio me hacía preguntarme qué coño había por tal lado que constantemente lo obligaba a mirar hacia allí. Estuvimos yendo durante años al Parque Lenin, todos los domingos, a leer nuestras cosas. Tal vez por eso él escogió ese lugar para esconderse, pues lo conocía muy bien. Allí lo detuvieron.

Cuando salió de la cárcel nos vimos poco. Todos estábamos muy vigilados, ya no se podía ni escribir. No había esperanzas hasta que surgió Mariel.

El gran reencuentro ocurrió en Madrid en diciembre de 1983. Yo llegué el día 6 y él dos días después. Prácticamente descubrimos esa espléndida ciudad juntos. No te puedes imaginar lo que representó para nosotros entrar al Prado y ver El jardín de las delicias de El Bosco. Aunque ninguno de los dos tenía dinero, nos las arreglamos para ir a Toledo, Segovia, El Escorial y otros lugares cercanos a Madrid. Más tarde participamos en congresos, ferias del libro y tertulias juntos.

No es cierto que él se quedara, cuando visitaba Miami, con alguno de nosotros. Aparte de que tenía familia aquí en

Miami, él prefería un hotel, casi siempre el mismo, en Miami Beach, cerca del mar.

Nedda. Privilegias el género teatro más o te sientes cómodo con los demás, novela, cuento, poesía.

JAF. No privilegio ninguno, cada género tiene su encanto.

Nedda. Tus escritores favoritos. ¿Por qué?

JAF. Son muchísimos, pero siempre releo a los poetas. Vuelvo a ellos, no me canso. Quevedo en primer lugar. Dicen que con la edad uno se va cerrando a nuevas aventuras y que se termina leyendo los mismos libros una y otra vez. Aunque releo mucho, afortunadamente, yo no he perdido la curiosidad. Me gusta leer autores nuevos. Ojalá siga así.

Nedda. Tus libros de cabecera. ¿Por qué?

JAF. Empezaré por el final: porque me gustan, porque siempre les veo algo nuevo, porque yo envejezco y ellos no. Quevedo, Sor Juana, Rilke, Calderón, Omar Khayyan, Eliot, Perse, Cernuda, Hinostroza, Kavafis, *Los cantos de la caravana* y *El espejo mágico*.

Nedda. Cómo ves el exilio cubano a futuro.

JAF. Por muy larga, por interminable que sea la dictadura, siempre habrá un grupo de hombres y mujeres, no importa el número, que se considerará exilio. Exilio, no inmigrantes, no diáspora. Mientras eso se mantenga, habrá esperanzas.

Nedda. Cuándo saliste de Cuba. ¿Por qué?

JAF. Salí de Cuba el 5 de diciembre de 1983. ¿Por qué? Porque quería ser libre.

Nedda. ¿Planes, proyectos?

JAF. En los últimos tiempos he vuelto al cuento. El año pasado publiqué *Confrontaciones* (2018) que reúne historias de diferentes temáticas y estilos. Este año acaba de salir *El camino de ayer* (2019) con diez relatos recientes. En la actualidad trabajo en *Las moscas verdes*, otro volumen de cuentos, pero que funciona como novela pues todos los relatos están relacionados. Es un libro que podría considerarse como futurista o de ciencia ficción. También le doy vueltas a una novela enmarcada en un período histórico muy específico. Comenzaría en 1896 con la reconcentración de Weyler y terminaría dos años después, en 1898, con la voladura del Maine. Pretendo narrar la odisea de una gran mujer, su lucha por sobrevivir con sus hijos, en medio del horror.

A propósito de la poesía: conversando con José Abreu Felippe

Por Lilliam Moro

Aunque nos conocimos hace ya mucho tiempo, es ahora cuando acabo de descubrirte como poeta.

He leído obras tuyas de narrativa y teatro, pero lo que realmente te ha descubierto ante mis ojos es tu poesía, la que aparece en tus dos últimos libros: *De vuelta* y *El tiempo a la mitad*. Según los datos publicados en cada uno de ellos, el primero recoge 42 poemas escritos entre mayo de 1999 a febrero de 2012. El segundo, 31 poemas creados entre enero y diciembre del 2014, o sea, tus últimas composiciones poéticas.

El que te hayas expresado literariamente en varios géneros me hace suponer que has incursionado en ellos en busca de la vía que más se adecuara a tus necesidades, o quizás la poesía siempre haya estado dentro de ti, esperando el momento apropiado para convertirse en palabras, en tus palabras, apareciendo de vez en cuando como opción alternativa.

LM: ¿Qué es, pues, la poesía para ti?

JAF: Cantaba León Felipe: "Deshaced ese verso, / quitadle los caireles de la rima, / el metro, la cadencia / y hasta la idea misma. / Aventad las palabras, / y si después queda algo todavía, / eso / será la poesía". Es decir, que él tampoco sabía lo que era la poesía. Digo tampoco porque yo no lo sé. Nunca he escrito mi Arte Poética. No me atrevería a definirla. Me conformo con sentir su presencia cuando ocurre y prestarle toda la atención de que soy capaz. Y si se digna llamarme, humildemente acudir.

LM: *De vuelta* me parece una obra escrita desde la memoria de la pérdida, como dando fe de ella, mientras *El tiempo a la mitad* (escrito posteriormente) es la consumación de esa pérdida, la aceptación de lo inevitable. ¿Por qué esos títulos?

JAF: Viviendo en Madrid publiqué dos libros de poesía, *Orestes de noche* (1985) y *Cantos y elegías* (1992). Ambos, al igual que *Destrucciones*, que permanece inédito, escritos en Cuba en la década del 70 del siglo pasado. Son los únicos que pude salvar. Escribí otros que se perdieron o yo mismo destruí antes de partir al exilio en 1983. En todos ellos, al igual que en otros posteriores como *El tiempo afuera*, que fue Premio Internacional de Poesía Gastón Baquero en el 2000, la idea del paso del tiempo está presente como una obsesión. Incluso la palabra "tiempo" aparece en algunos títulos. En cuanto a *De vuelta*, me parece que he vivido los años suficientes como para sentirme un poco "de vuelta" de casi todos los desastres. Al igual me ocurre con "la pérdida", es un tema recurrente en toda mi poesía. La vida como una suma de pérdidas. Yo creo que se intenta aceptar lo inevitable, pero no se consigue.

LM: Después de leer tanta poesía llena de imágenes y metáforas que no nos transmiten nada que haga temblar nuestra emoción, es refrescante encontrar una obra hecha desde la observación de la realidad mundana, una poesía que le da voz a las cosas porque sus referentes son los objetos que pueblan nuestra memoria, convertidos en depositarios del dolor, como "el cenicero atestado de frustraciones".

Y aquí tengo que mencionar un poema tuyo que me parece antológico, el ejemplo idóneo de esta forma personal de expresión: "La motera", que nos habla, que se queja. No son cosas detenidas en el tiempo del recuerdo, sino objetos comunicativos: "De las redondas manos de mi madre, / todavía conserva el tacto y el olor". Esos versos finales del poema me hacen recordar estos de Juan Ramón Jiménez: "¡Sólo queda en mi mano / la forma de su huida!" ¿Crees que darle vida a las referencias guardadas en la memoria es un recurso para que no sean tragadas por el olvido?

JAF: Es muy posible. Varios amigos que han leído ese libro me han señalado ese poema como uno de sus preferidos. Eso me llena de una extraña alegría, porque lo único que intenté fue detener en el tiempo ese objeto. Durante años, todos los días, camino del trabajo, pasaba por casa de mi madre. Me sentaba en el borde de la cama, frente a la coqueta, a esperar el café que ya tenía listo sobre la hornilla. Me entretenía mirando las fotos bajo el cristal y los curiosos objetos que la adornaban. Siempre terminaba en la motera, llena de maravillas menudas. Yo la conservo. El siguiente poema en el libro, "Inventario", describe, aunque no lo aclaro, el interior o contenido de la motera. Termina diciendo que yo agregué algo, un pedazo de la pulsera roja que llevaba mi madre el día de su muerte. Se rompió contra el asfalto al caer.

LM: Objetos, sí, pero también instantáneas en movimiento, como esa madre que está barriendo la casa de siempre (el 302 de la calle Cuarta), eternamente móvil en su rutina. Esa casa que conviertes en mito como la lezamiana de Trocadero. Cuéntame de esa casa.

JAF: De niño, recuerdo, que siempre nos estábamos mudando. La Lisa, después Jesús del Monte, una casa justo al lado de la loma de la iglesia, Mantilla. Pero al final recalamos en el Reparto Poey, tendría yo unos 8 o 9 años. Primero vivimos en una casita de madera pintada de verde, que era de mi abuela materna. Después nos pasamos para su casa y allí crecí al igual que mis hermanos. Era una casa de mampostería con techo de tejas españolas. Tenía bastante espacio por los lados y al frente junto al portal, un jardín con una mata de diamelas que crecía junto a la ventana y la perfumaba toda. Los mosaicos eran blancos y negros y se nos antojaban escaques de un inmenso tablero de ajedrez. Mi abuela paterna sembró al frente una mata de almendra que con el tiempo dio fresco y sombra… y trabajo a mi madre barriendo hojas. Después de mi partida, demolieron la casa, según me han dicho a pedido de un militar que quería construir allí su búnker, cosa que hizo. La portada de *El tiempo a la mitad*, la ilustra un pedazo de la pared de la sala de mi casa, que un amigo recogió y me hizo llegar. Es lo único que me queda de ella.

LM: Pero para mí la característica esencial de tu poesía es una profunda orfandad, casi primigenia. ("Porque todo se nubla, / todo se pudre / y tengo mucho miedo"). Te imagino como ese personaje de la pintura de Edvard Munch, "El grito", un niño que lanza un alarido de dolor no desde un puente, como el de la pintura, sino desde el fondo de un pasillo, siempre un pasillo, mención recurrente en tu poesía. ¿Es un grito de dolor, de miedo, o un alarido ante lo insoportable de la vida?

JAF: Creo que lo peor de la vida es que a todos nos convierte en huérfanos. Y ver, en orfandad, cómo el tiempo nos transforma en la sombra de lo que alguna vez fuimos puede resumirse en ese grito, que para más desgracia, no se escucha. Y sí, hubo muchos "pasillos" en mi infancia, claro, vivíamos en lo que se conocía como cuarterías, solares, pasajes, siempre con un pasillo central que conducía al baño colectivo… A veces, el amor suaviza la suma de pérdidas, la orfandad, pero la tragedia del amor, es que hacen falta dos. Y mantenerlo durante mucho tiempo es muy difícil.

LM: Según mi percepción, tus poemas me parecen perfectamente circulares, quiero decir, que los versos iniciales sirven de introducción al tema central, y al final suele haber una metáfora conmovedora que sintetiza el conjunto. Y una metáfora final no es un recurso fácil, y menos porque hay que saber cuándo debe terminar un poema. Creo que se te dan mejor los poemas breves; recordando a Baltasar Gracián: "Lo bueno, si breve, dos veces bueno". ¿Cuándo sabes que el poema está terminado?

JAF: Debe ser porque se me acaba la cuerda. No podría explicarlo, pero yo me doy cuenta de que acaba "ahí" y no "allá".

LM: Tu poema "Nostalgias" me resulta muy afín, porque todos los que vivimos en Madrid sabemos que adonde vayamos después, la única manera de no sucumbir es evitando las comparaciones. Además, yo también viví en esa buhardilla de la calle León, 3 y anduvimos el mismo camino para llegar al mismo trabajo. Para mí, abandonar España después de 43 años allí ha sido un segundo exilio. Tienes un verso que vale un poema: "ahítos de exilios". ¿Y para ti? ¿Fue algo más que una transición antes de llegar a Miami?

JAF: Ya lo he dicho muchas veces: Nunca he sentido nostalgia por Cuba. No tengo un recuerdo cubano que no esté asociado al dolor, a la incertidumbre, al miedo. Siempre Miami fue la meta porque aquí estaba mi familia, todo lo que he amado. Pero ya viviendo en Miami supe lo que era la nostalgia, la sentía por Madrid. Yo amo mucho esa ciudad por bastantes razones que sería largo enumerar aquí. Quizás pueda resumirlo diciendo que allí me sentí libre por primera vez.

LM: Recuerdo ahora la conocida frase de Ortega y Gasset: "Yo soy yo y mi circunstancia". ¿Cuál es tu circunstancia vital?

JAF: La fuga. Siempre he tenido la sensación de estar huyendo de algo.

LM: ¿Hemos perdido un país? ¿O hemos perdido el paraíso?

JAF: No lo creo. Lo que significó Cuba para mí, es decir, una calle, una casa, un árbol, el mar a lo lejos con un muro, vivirá conmigo hasta que muera. Y si consigo con lo que hago, con lo que escribo, que algo, un pedazo de eso, quede en el papel –o en la memoria de la computadora–, no habré muerto, no habremos muerto, del todo. Y ¿paraíso no es otro de los nombres del infierno?

Agosto y 2015

Arenas es el único genio que ha dado la debacle

Por Enrique Del Risco (Octubre 25, 2017)

José Abreu Felippe (La Habana, 1947) ha publicado cinco volúmenes de poesía, una docena de obras de teatro, dos colecciones de cuentos y una demoledora pentalogía de novelas: *El olvido y la calma*. Lo suficiente en cantidad y calidad para ser carne de premios nacionales y homenajes sin fin. Pero ha preferido unas cuantas libertades de más y muchos premios de menos. De ahí esos libros desaforados y hermosos como *Dile adiós a la Virgen* (Poliedro, Barcelona, 2003), que ofrecen rincones de la realidad cubana ya no difíciles de encontrar por escrito sino incluso de sospechar su existencia.

Amigo de Reinaldo Arenas desde mediados de los sesenta, se vio atrapado en la Isla cuando el resto de su familia y buena parte de sus amigos formaron parte de esa fuga organizada por los carceleros que fue el éxodo del Mariel. José no pudo salir de Cuba hasta 1983, vía Madrid, ni reunirse con su familia en la Florida hasta 1987. La singular circunstancia de formar parte, junto a Juan y Nicolás, de un trío de hermanos escritores llevó a su amigo Arenas a presentarlos en *El color del verano* como las hermanas Brontë, otro raro caso de familia volcada a la literatura.

En su autobiografía *Antes que anochezca* Arenas no duda en llamar a los hermanos Abreu "mis mejores amigos". En otro sitio reconoce que durante aquellos años de persecución y represión "la amistad con la familia Abreu y sus amigos más cercanos fue un gran estímulo moral para continuar trabajando y viviendo".

Precisamente de literatura, amistades y vidas, trata esta entrevista.

EdR. Tu hermano Juan te culpa de haber sido quien introdujo las inquietudes literarias en tu familia. Háblanos de tus primeros años de vida y de tu formación.

JAF. Cuando mis hermanos, Juan y Nicolás, aprendieron a leer, los inscribí en la Sala Juvenil de la Biblioteca Nacional José Martí y todos los domingos la visitábamos.

En aquellos años todavía la Biblioteca era una maravilla, todas sus salas. En la Juvenil, aparte de los clásicos para niños y jóvenes –Verne, Salgari, Carroll, Barrie, Collodi, Twain, etc.–, era posible encontrar las fabulosas colecciones de Enid Blyton y Malcolm Saville, la colección de Bomba, el niño de la selva, Las aventuras de Tintín, las de Astérix el Galo, más series que tenían como protagonistas a animales. Para qué seguir. Joyas era lo que había que despertaban la imaginación de los muchachos, los deseos de seguir leyendo y que llegara el domingo para entregar los libros ya leídos y sacar nuevos. Tenían inoculado y expandido el incurable virus de la lectura, y cuando tuvieron edad –ya se habían leído toda la Juvenil–, ellos mismos se cambiaron para Circulante.

Yo no tuve esa suerte. En mi infancia y adolescencia no existió nadie que me orientara o me animara a leer. Ni siquiera había libros en mi casa. Yo leía lo que me encontraba, cualquier cosa.

Cuando tenía diez u once años, mataperreando descalzo por las calles sin asfaltar de mi barrio, me hice una cortada en el dedo gordo del pie derecho que casi me lo arranco. Mi madre optó por mandarme a casa de una vecina para que hiciera reposo en la sala hasta que me cicatrizara la herida. Aquellas personas, mujer y esposo, eran muy enigmáticos. La mujer casi ni hablaba y del hombre, muy temido por los niños, hosco, huraño, se decían muchas cosas, ninguna buena. Aquella mujer para mantenerme tranquilo puso a mi disposición su colección de Billiken, la revista infantil argentina creada por el uruguayo Constancio C. Vigil, y algunos tomos del *Tesoro de la Juventud*. Ella me escogía los libros, nunca vi su librero, que debía estar en alguno de los cuartos. Recuerdo los cuentos de Poe, que me impresionaron mucho. Fue una convalecencia realmente muy fructífera.

Cuando ya me dejaban moverme en guagua solo, visitaba a mi tía Aracely, hermana de mi padre, en su casa de El Vedado. Esa tía era todo un personaje. Trabajaba de manejadora de niños ricos y con el dinero que ahorraba se iba a trotar mundo. Era una aventurera empedernida, apasionada de la cultura maya y una gran lectora. Tenía un pequeño librero. Siempre que iba me prestaba algo, lo mismo *El arte de amar* de Erich Fromm que *La importancia de vivir* de Lin Yutang o la *Botánica oculta* de Paracelso. También era una gran amante de la poesía, clásicos españoles y latinoamericanos. Me encantaba oírla decir Este era un Rey... de Juan de Dios Peza: "Ven mi Juan, y toma asiento...".

Éramos una familia muy pobre. El recuerdo más vívido que tengo de mi infancia es que siempre nos estábamos mudando, de un cuarto a otro, de una cuartería a otra.

EdR. ¿Cómo te diste cuenta de que el régimen castrista y tú no tenían nada que ver? ¿Quién se dio cuenta primero? ¿El régimen o tú?

JAF. A mí me bautizó el famoso Padre Gasolina, párroco de la Iglesia de Jesús del Monte, muy amigo de mi tía Aracely y de mi padre. Él me contaba que a veces salían a tomar juntos al bar Madrid, que estaba en la misma esquina de la loma de la iglesia y que tarde, cayéndose, lo ayudaba a entrar por la ventana de la sacristía. Una persona estupenda este cura, muy querido no solo por los feligreses sino por todo el barrio que, por lo demás, sabía que tenía su mujer y varios hijos en Marqués de la Torre, casi llegando a la calzada de Luyanó. Con esto quiero decir que tuve una educación católica. Íbamos, mi madre y yo, todos los domingos a misa –pronto me hice monaguillo– y cuando terminé la primaria, ya viviendo en Poey, mi abuela paterna me consiguió una beca para estudiar en los Escolapios. Allí estuve hasta que en 1961 intervinieron la escuela. Ese mismo año me fui a alfabetizar con mi rosario al cuello, igualito que muchos de los barbudos que bajaron de la sierra.

Con catorce años recién cumplidos me iba de mi casa por primera vez. Me ubicaron en un lugar inhóspito al sur de San Cristóbal, casi pegado a la costa. El río del mismo nombre pasaba cerca del bohío y seguía su curso hasta desembocar en la ensenada de Sabanalamar. Cuando nos trasladaban en camiones los muchachos, guiados por el Responsable, cantaban La Internacional. Yo en la parte de "no más salvadores supremos, ni César ni burgués ni Dios", me quedaba callado. Pronto hubo que esconder los rosarios o sustituirlos por collares de santajuanas y peonías. Creo que ahí empezaron los conflictos.

El 22 de agosto –un día después del cumpleaños de mi madre–, de 1968 voy, como hacía a menudo, a la Cinemateca. A la entrada saludo a un muchacho, también asiduo, que conocía de allí, pero que no era amigo mío. A la salida, me lo vuelvo a encontrar y conversamos de la película que acabábamos de ver mientras caminábamos hacia la parada de guagua de 12 y 23. De pronto un orangután se interpone entre nosotros, nos separa bruscamente y me arrastra con un brazo sobre los hombros que me inmoviliza. Con la otra mano me enseñó el ineludible carné mientras me decía: "Lo que tienes es un mundo atrás". Unos pasos más adelante paró una máquina, se abrió la puerta de atrás y el orangután me metió dentro.

No voy a hacer la historia larga, solo diré que me llevaron para Villa Marista y allí estuve desaparecido una semana. Después de ficharme, cuando comenzaron los interrogatorios, lo primero que me dijeron fue que ya mi amigo lo había confesado todo, que yo era uno de los organizadores de la marcha de protesta de los hippies por la invasión rusa frente a la embajada de Checoslovaquia. Aquello era un disparate mayúsculo que no se sostenía. Yo no sabía ni el nombre de "mi amigo", y ni siquiera podía ser hippie: no tenía el pelo largo, más bien estaba pelado a lo alemán. Hacía poco más de un mes que me habían desmovilizado del Servicio Militar Obligatorio (SMO) y el pelo no había tenido tiempo de crecer. Es cierto que tenía una camisa demasiado ancha, el pantalón excesivamente estrecho –de mecánico, virado al revés para que pareciera mezclilla– y botas cañeras, pero no era para tanto. No tenía ni idea de lo que me estaba hablando.

La recogida fue tan gigantesca que La Habana estaba en ascuas. Tuvieron que sacar un artículo de una página –sin mencionar para nada la protesta– en Juventud Rebelde. Mi madre me buscó por hospitales y en la morgue. Al fin fue a Villa Marista y allí le dijeron que yo no estaba. Una noche, tarde, me sacaron de la celda, me entregaron mis pertenencias y después de leerme la cartilla –la próxima vez, para Camagüey cuatro años–, me metieron a empujones en un carro y me soltaron en la Avenida de Acosta. Vi el carro alejarse a toda velocidad y emprendí el camino de la casa a pie. Iba tarareando "All You Need Is Love".

Cuando terminé el Pre, como todos los demás estudiantes, llené mi solicitud para estudiar en la Universidad. Seleccioné Artes y Letras. A la semana me respondieron, qué rápido, me dije; pero no fue la Universidad. Era una citación de Villa Marista. Fui cagándome, como es natural, y allí el oficial que me atendía me dijo que la debacle "iba a ser muy generosa conmigo" y me iba a permitir estudiar en la Universidad. Pero no ninguna carrera de Letras, tendría que escoger una de Ciencias. Así me hice profesor de Matemáticas. Yo tenía once años cuando comenzó la debacle. Dime tú ahora, quién se dio cuenta primero.

EdR. ¿En qué circunstancias conociste a Arenas? ¿Qué impresión te causó?

JAF. Ya te dije que yo iba a la Biblioteca Nacional todos los domingos. Conocí a Reinaldo cuando empezó a trabajar allí, precisamente atendiendo la Circulante. Debe haber sido para finales de 1963 o principio de 1964. Estoy seguro de eso pues yo hice amistad con él antes de entrar en el SMO, que fue en el segundo llamado. Mi SMO duró de 1965 a 1968. Yo tendría entonces 17 años y Reinaldo, que era cuatro años mayor, 21.

Me cayó bien desde la primera vez que lo vi, era muy amable, tenía una voz muy dulce, algo cantarina y me daba más libros de los permitidos. Por él conocí allí a Miguel Barnet, Eliseo Diego, Cintio y Fina y a Tomasito la Goyesca. A veces nos poníamos de acuerdo para ir al teatro, a alguna presentación de libros o simplemente a caminar por El Vedado hablando de literatura.

Durante mi SMO, como es lógico, nos vimos poco, pero al desmovilizarme, reanudamos las salidas juntos. Ya cuando eso él vivía en un cuartico en casa de una tía cerca del Patricio. Lo visité allí muchas veces. Tenía el cuarto completamente decorado, hasta el librero y los escasos muebles, con recortes de revistas, paisajes nevados y, sobre todo, hombres fuertotes semidesnudos. En otra época había sido un cuarto de criados, se llegaba a él por una escalera muy estrecha. Tenía una única ventana enrejada que daba a la calle. En ocasiones no entraba, lo llamaba desde la acera, lo recogía y nos íbamos a la playa. Era un gran nadador.

Tuve la suerte de acompañarlo muchas veces. Por ejemplo, a una lectura que hizo en la Universidad de La Habana. No recuerdo el título exacto de la actividad ni de su conferencia en particular, y me parece que nunca se ha recogido en libro, aunque sí se publicó en la Gaceta. Era algo así como tres generaciones opinan sobre Martí. No estoy seguro, pero pienso que los otros dos escritores eran Díaz Martínez y Portuondo.

Lo que hizo Reinaldo fue muy atrevido: establecer un paralelo entre la vida y la obra de Martí y Rimbaud. Fue lo mejor que se leyó esa tarde y prácticamente lo ovacionaron. Antes de ir para el acto, fuimos a ver al triunvirato de presuntos amigos (Eliseo, Cintio, Fina), buscando apoyo, pero se negaron a acompañarlo. Cuando los conocí, todos ellos hablaban pestes de la debacle, pero ya en ese entonces empezaban a dar marcha atrás.

También fui con él a la Biblioteca Nacional a oír a Lezama leer Confluencias: "Yo veía a la noche como si algo se hubiera caído sobre la tierra, un descendimiento".

Estar en presencia de un genio de carne y hueso, te cambia la vida.

Reinaldo también era un genio, pero yo entonces todavía no me daba cuenta, no lo sabía. Es muy difícil especular sobre el tema matando mosquitos mientras se hace la cola de la pizzería.

EdR. ¿Cómo se fue desarrollando posteriormente la relación entre ustedes?

Yo diría que con normalidad. Como nos conocíamos de tantos años y ya habíamos pasado por tantas aventuras juntos, incluyendo las lecturas del Parque Lenin y la creación de la revista literaria, obviamente clandestina, *Ah la marea* –de la cual hicimos dos números–, él nunca desconfió de mí, ni de mis hermanos, pero Reinaldo era un paranoico profesional. Todo el mundo era policía y todo el mundo lo estaba vigilando.

Cuando se enfermó de meningitis, la medicina que le mandaron de Francia se la decomisaron. Yo se la conseguí en el Hospital Nacional, donde tenía muchas amistades, ya que trabajaba entonces dando clases en la Escuela de Enfermeras de dicho hospital. Reinaldo no permitía –al menos eso juraba– que nadie que no fuera mi madre, lo inyectara, y así iba tres veces por semana a mi casa, durante el tiempo que duró el tratamiento, con ese fin. Temía que se aprovecharan de esa circunstancia para matarlo.

De vez en cuando también nos peleábamos por cualquier idiotez, pero luego nos reconciliábamos. En cierta ocasión, viviendo yo en Madrid y él en Nueva York se molestó porque yo no le contesté una inquietud que tenía sobre algo relacionado con la revista Mariel, ahora no recuerdo qué.

Él nunca tuvo un sentido claro de la realidad, todo era un juego. Le daba la vuelta al asunto más trágico para encontrarle su parte cómica, sin importarle en lo más mínimo si así molestaba o hería a alguien, muchas veces a los propios amigos. No creo que lo hiciera por maldad –aunque podía ser muy cruel–, pienso que no podía vivir sin convertirlo todo en literatura. Reinaldo, aparte de un mitómano contumaz, era en gran medida un personaje de ficción. Y todas las personas no eran para él personas: eran personajes.

Pues bien, como ya me tenía harto, cuando me escribió, yo cogí la carta sin abrir, la metí en un sobre y se la devolví. Parece que aquel gesto le encantó. Hizo lo mismo, y así estuvimos varios meses, mandando y devolviendo, hasta que el sobre original se convirtió en un paquete de varias libras de peso, costaba mucho el franqueo, y dejé de hacerlo.

Como sabía que yo no iba a abrir la carta me escribía cosas por fuera firmándolas como Eugenia Grandet, La Condesa de Merlín, Gina Cabrera o lo que se le ocurriera y yo hacía lo mismo. Años después me reprochó no haber seguido el juego. Él aspiraba a que se convirtiera en una carga monstruosa que estuviese viajando en el tiempo mientras crecía infinitamente.

Otras veces, cuando yo no le contestaba con la rapidez que él requería –no tenía en cuenta que yo acababa de llegar a otro país, no tenía dinero y recién comenzaba a trabajar sin permiso de trabajo y con mucha gente dependiendo de mí–, me escribía reprochándomelo, cartas "cuñadas y recuncuñadas" para ver si yo reaccionaba al hacerlas "oficiales" por los cuños que él mismo inventaba. Conservo un par de ellas.

EdR. Ya habías empezado a escribir antes de conocer a Reinaldo. ¿Qué impacto tuvo en tu literatura la influencia de su personalidad y sus textos?

JAF. Sí, desde luego, yo empecé a escribir desde los once o doce años. Hacía historietas y las ilustraba. Lo primero que recuerdo, "serio", que escribí a esa edad fue una novela. Se llamaba *La mansión de Los Lovers* y tenía ciento y pico de páginas con ilustraciones mías. La pasé a máquina y la encuaderné. Era una novela de misterio con un asesinato por página. Me sentí muy contento y muy orgulloso cuando la terminé. La conservé muchos años. No sé qué habrá sido de ella.

Reinaldo tenía una personalidad apabullante. Salir con él era "una fiesta innombrable", la risa, la carcajada, estaban garantizadas todo el tiempo. Poseía un sentido del humor que era para alquilar balcones y una agudeza en el manejo de la ironía inigualable. Oírlo leer era participar de un acto mágico.

Nos sentábamos sobre la hierba, casi siempre a la sombra de la mata de bija, en el Parque Lenin, y él se recostaba al tronco.

Sacaba los papeles de la bolsa de lona que siempre llevaba en bandolera –un estuche de careta antigás teñido con cloro– y empezaba a leer. Ya lo he dicho antes, tenía una voz hermosa, cantarina, y llevaba el ritmo con la cabeza, con un movimiento muy extraño que consistía en girarla acompasadamente, hacia un mismo lado. A mí al principio me desconcertaba. Además, constantemente se estaba secando las manos en el pantalón, pues le sudaban como una regadera.

En aquel sitio se leyeron cosas extraordinarias, fue un privilegio el haberlas escuchado. Su estilo era propio, inimitable, bebía de todos lados, de lo que leía, de lo que escuchaba, de lo que veía, de lo que le comentabas. De ahí que yo le puse La Esponja. Todo lo recogía, lo reelaboraba y lo transformaba en literatura.

Había que tener cuidado, si sucumbías a él, te encontrabas de pronto copiándolo sin remedio. Yo me cuidé mucho de eso. Reinaldo influyó en mí sólo en su amor a la libertad y en su odio a las dictaduras, en especial a la que estábamos padeciendo.

EdR. ¿Cómo saliste de Cuba?

JAF. Fue una odisea que sería muy largo contar en detalle. Mi hermano Nicolás no lo pensó dos veces y fue de los primeros en entrar, junto a su esposa Exys, a los jardines de la embajada de Perú. Cuando el resto de la familia se decidió a ir, ya era demasiado tarde. También, pura suerte, ellos fueron de los primeros en salir por el Mariel.

Vivíamos en medio de los actos de repudio. En mi barrio el Jefe de Zona andaba con un hacha a la cintura y se metía, seguido de una turba, en las casas de los que se habían ido o en las de los que estaban esperando a que los citaran, y con el hacha lo rompía todo, muebles, efectos eléctricos, lo que fuera. Así estuvo hasta que lo pararon.

En medio de ese caos, como la ciudad estaba al borde de una guerra civil y la desesperación iba en aumento, empezaron a abrir centros para "la recepción de la escoria". Los más concurridos en La Habana eran el llamado Cuatro Ruedas, frente al Alí Bar y otro conocido por su dirección: Carvajal y Buenos Aires, en El Cerro. El interesado, primero tenía que ir a la estación de policía a inscribirse como "escoria" –homosexuales pasivos, no aceptaban activos; prostitutas; ladrones, en fin, el mal–, y con el papel que te daban ibas a los centros de recepción. Yo me presenté como homosexual en la estación de policía del Capri, pero no aparecía en el registro de homosexuales de la zona, y como no estaba censado, me rechazaron.

Mi hermano Juan se fue con una Carta de Libertad que yo guardaba de cuando estuvo preso por la Ley de la Vagancia. De pronto se dijo que estaban inscribiendo núcleos familiares completos, y fuimos los que quedábamos a Carvajal y

Buenos Aires. Tenían turbas situadas en ambas aceras de la calle de acceso al local y nos apedrearon por todo el camino. Yo trataba de proteger a mi madre, hice lo que pude que no fue mucho. Allí nos procesaron y, amoratados pero felices, regresamos a la casa a esperar que nos citaran.

Cada día mirábamos con terror cómo iba disminuyendo el número de barcos en el puerto. Hasta que se acabaron. Meses después mis hermanos lograron gestionar con amistades una visa para mi hermana por España. Se fue con su marido y su hijo. Ella consiguió visas para los que quedábamos. Ya con los pasajes, las bajas correspondientes, el papel de la Reforma Urbana –que nos costó 6,000 pesos, pues la propiedad estaba a nombre de mi abuela y murió sin hacer el traspaso a mi madre, por lo que hubo que pagar "el alquiler que debíamos" desde esa fecha–, esperábamos para irnos un lunes. El viernes, con gran despliegue, estilo Indiana Jones, llegó la Seguridad del Estado a mi casa y me arrebató el pasaporte. A esa hora, tuve que convencer a mi familia para que se fuera. Lo conseguí.

Sería muy largo contar todo lo que pasé desde esa fecha, sin libreta, sin trabajo, acosado por el Comité, hasta que me autorizaron a salir –el telegrama me llegó la víspera de la Caridad– y logré escapar de aquel infierno, hacia Madrid, el 5 de diciembre de 1983.

EdR. ¿Cuáles fueron las primeras impresiones que tuviste a tu salida de Cuba? ¿Qué te sorprendió en aquellos primeros instantes?

JAF. Yo descubrí lo que era la libertad en Madrid. Salí de Cuba con 33° centígrados y en Barajas la temperatura era de -6°, casi me muero. Yo llevaba un traje –obligatorio al igual que la maleta aunque fuera vacía– de una tela muy ligera, y no conseguí nada para ponerme abajo. En aquella época no era común el túnel y cuando toqué la escalerilla para bajar, la mano se me quedó pegada.

Lo que sucedió después, ya que yo viajaba con una visa vencida, fue otra odisea que no la voy a contar, porque haría estas respuestas interminables. Mi hermana Acela me estaba esperando afuera con un abrigo, pero así y todo no paraba de temblar. Al otro día vi que el sol brillaba espléndido en un cielo azul, sin una nube, y salí loco de contento a sentarme en la escalera del edificio a solearme. Al rato, cuando ya estaba a punto de congelarme, vino mi hermana a rescatarme. Ahí descubrí que el sol allí no solo no calentaba: ni siquiera subía como tenía que subir.

Ese primer día mi hermana me mandó a la ferretería a comprar un bombillo y me dio el dinero y las instrucciones de cómo llegar, era muy cerca. Encontré el sitio sin dificultad, entré y me acerqué al mostrador. El empleado me recibió con una sonrisa y me dijo una frase que no he podido olvidar y que me dejó paralizado: "¿Qué se le ofrece al caballero?". Esa frase me demostró que yo había dejado de ser una piltrafa y retornaba a la condición de ser humano libre.

Yo llegué a Madrid el día 6 de diciembre y el día 8 tocaron a mi puerta. Abrí y allí estaba Reinaldo Arenas, que vino sin avisar –mis hermanos le habían dado las señas– con un ejemplar dedicado, que conservo, de *Otra vez el mar* y me dijo con la más golosa de las sonrisas: Ay, ¿quién va a comenzar el Canto Cuarto?

Le siguieron unos días felices donde descubrimos la ciudad juntos. Visitamos El Prado –un viejo sueño– y todo lo que había que visitar, incluyendo el parque de El Retiro, Los Tres Cerditos –el único restaurante cubano que existía entonces en Madrid, bastante peligroso, y donde años atrás amenizaba las cenas Bobby Collazo, y el cine Carretas, no faltaría más. También fuimos juntos a Toledo, Segovia y El Escorial.

Después él volvió un par de veces a España. En una ocasión a un Congreso, donde nos vimos. La otra, en una Navidad que celebramos en casa de mi amigo Pío E. Serrano. Fue una noche que siempre recuerdo y sobre la que escribiré algún día. Allí estaban, entre otros, mi gran amiga Edith Llerena –entonces esposa de Pío–, el fotógrafo Germán Puig y Gastón Baquero.

En Estados Unidos, nos veíamos cuando él venía a Miami. Casi siempre se alojaba en el mismo hotel de Miami Beach y allí nos citábamos para comer y bañarnos en la playa. De lo único que hablábamos era de libros, de proyectos y de literatura.

En una ocasión llegamos Luis de la Paz y yo a verlo, subimos sin avisar a su habitación y tocamos fuertemente a la puerta. ¿Quién es?, gritó él sin abrir. Abre, Reinaldo, que somos Saúl y Víctor. Se hizo el silencio. Volvimos a tocar. Están equivocados, aquí no hay ningún Reinaldo. Volvimos a tocar. Silencio. Al fin nos identificamos y abrió. Vimos que ya había empezado a atar las sábanas para deslizarse por la ventana. Estábamos en un tercer piso. Nos reímos mucho. Saúl y Víctor eran los oficiales de la Seguridad del Estado que nos "atendían".

EdR. Háblanos de la aventura que significó la revista Mariel. ¿Qué opinas de ella ahora?

JAF. Bueno, me lo perdí todo. Yo todavía estaba en Cuba cuando salió el primer número. Sí me hicieron llegar algunas páginas. Yo vine a colaborar, si la memoria no me falla, como en el cuarto número, ya viviendo en Madrid.

Pienso que fue el proyecto más importante desarrollado por los marielitos. Una revista de la que siempre se hablará.

EdR. ¿Cada cuánto tiempo Arenas viajaba a Miami?

JAF. Por lo menos un par de veces al año, casi siempre en el verano y en el invierno.

EdR. ¿Era realmente tan antagónica la relación de Arenas con esa ciudad?

JAF. Reinaldo habló pestes de Miami, pero también de Nueva York. Incluso fue más duro con Nueva York. Reinaldo hablaba pestes de todo y de todos. Se divertía con eso, no se le puede hacer mucho caso.

En lo que a mí respecta, siempre que lo vi en Miami estaba pasándola muy, pero que muy bien. Nunca lo sentí angustiado ni mucho menos. Hay documentos, artículos, entrevistas, grabaciones, donde él toca el tema. Yo recuerdo que le gustaba decir que en Miami él era "el escritor Reinaldo Arenas" y le costaba mucho trabajo que no lo estuvieran llamando para esto o para lo otro, cuando lo que deseaba era disfrutar del mar. En Nueva York, era "una pájara más".

EdR. ¿Cómo fue la relación de la generación del Mariel con el exilio en general y con el mundo intelectual de los exiliados, en particular?

JAF. Aunque pudo haber algunos del exilio más viejo que los rechazaran, en general yo pienso que fue muy buena y enriquecedora para todos.

Me estoy refiriendo, desde luego, a los intelectuales que arribaron por esa vía. Los que llegaron empezaron por reconocer y homenajear a los que les antecedieron: Lydia Cabrera, Labrador Ruiz, Lino Novás, Montenegro, Leví Marrero, Agustín Acosta, y un largo y muy prestigioso etcétera.

Creo que el exilio se renovó y se fortaleció. La revista Mariel fue un paradigma que impulsó la creación de otras nuevas. Fue un momento brillante para las letras.

EdR. ¿Y qué diferencias había con ese exilio anterior?

JAF. Con el éxodo, como se sabe, la debacle vació las cárceles y los hospitales psiquiátricos, e incluyó entre los refugiados elementos indeseables y agentes de la Seguridad del Estado. Fueron una minoría, pero causaron muchos problemas y convirtieron la palabra marielito en un estigma.

El tiempo puso las cosas en su sitio, y el saldo, pienso, fue muy positivo.

EdR. ¿Conociste a Oneida Fuentes, la madre de Arenas? ¿Cómo era su relación con el hijo?

JAF. Ella fue la que acudió a mi casa con un mensaje escrito de Reinaldo, un nota donde nos decía dónde estaba y que quería vernos. Era una mujer sencilla y estaba angustiada, pero ese solo acto de sobreponerse al horror y a todas las catástrofes para apoyar a su hijo en unas circunstancias extremas, habla de su entereza y de su amor de madre.

Reinaldo la adoraba, aunque no le gustaba demostrarlo. La trajo un par de veces de visita a Miami. Los últimos años de su existencia los pasó prácticamente secuestrada. Y así la tuvieron hasta su muerte. No la dejaban ver ni hablar con nadie que no fuera del entorno policiaco. Al final de su vida hizo unas declaraciones difíciles de escuchar donde habla de cómo se enteró de la muerte de su hijo.

Una mujer herida, que sufrió mucho.

EdR. ¿Cómo te enteraste de la muerte de Arenas?

JAF. Por el periódico. Después me llamaron varios amigos comunes. Sabía que estaba muy enfermo, pero la muerte siempre tiene la manía de sorprendernos y de amargarnos la existencia.

EdR. Luego del éxito inicial de sus dos primeras novelas, tras su salida de Cuba Reinaldo no consigue publicar en las grandes editoriales de la lengua hasta su muerte. Sin embargo, al morir, su autobiografía *Antes que anochezca* se convierte en bestseller. ¿Crees que el éxito póstumo, aunque merecido, fue una manera de malentenderlo, de poner su autobiografía y el tono que predomina en ella (distinto del resto de su obra) por encima de su obra de ficción?

JAF. No fueron solo sus dos primeras novelas, si te refieres a *El mundo alucinante* y *Celestino antes el alba*, también resultaron éxitos *El central* y *Termina el desfile* (ambos publicados por Seix Barral), *Arturo la estrella más brillante* (Montesinos), *Otra vez el mar* (Argos Vergara), entre otras.

Las grandes editoriales lo acogieron a su llegada, pero su denuncia constante del horror que había vivido en su país, y que se seguía viviendo, le fueron cerrando las puertas. Las universidades en USA, en manos de la izquierda gourmet, dejaron de invitarlo a dictar conferencias y clases magistrales. Y las editoriales de la izquierda progre, dejaron de publicarlo.

Reinaldo contaba de muchas maniobras que realizó Cuba –es decir, la dictadura cubana– para impedir que se publicaran o reeditaran obras, incluso del intento de comprar los derechos de alguna con el único objetivo de que no se publicara, de engavetarla. La edición del *Plebiscito* con Jorge Camacho, fue intolerable. Así y todo, siguió publicando con pequeñas editoriales: *Necesidad de libertad, El portero, Voluntad de vivir manifestándose, La loma del Ángel, Adiós a mamá*, por mencionar algunos.

Muy enfermo ya, envió a Ediciones Universal *El color del verano* y *El asalto*, las dos últimas novelas de su pentagonía. Por mucho que se apuró Juan Manuel Salvat –y soy testigo de eso–, no salieron a tiempo. Reinaldo se suicidaba el 7 de diciembre de 1990.

Yo pienso que su autobiografía –que empezó a escribir en las alcantarillas del Parque Lenin, antes del anochecer, porque no tenía luz, de ahí el título– hubiera pasado sin pena ni gloria si Schnabel no hubiera hecho la película en el 2000.

La película, a pesar de las libertades que se toma el guionista, muestra un Reinaldo lo suficientemente atractivo como para que el público se interesara por él y por su obra. Fue una bendición. Hasta Tusquets, que lo rechazó en vida, está publicando, no sé si ya habrá terminado, la Pentagonía, entre otros libros suyos.

Otra cosa es que los libros, la inmensa mayoría, no se han publicado como los concibió el autor. Todos se copian unos a otros los disparates y las erratas. Todavía leemos en la primera página *de El palacio de las blanquísimas mofetas*, que el niño tenía "churro" en la rodilla. En fin, el mar.

EdR. Apareces en varios libros de Arenas como personaje. ¿Qué se siente al ser la ficción de otros?

JAF. En mi caso, nada especial. Ni me halaga ni me ofende. No soy yo, es un personaje, una ficción.

Reinaldo conocía a mucha gente, tal vez a demasiadas. Funcionaba por pequeños círculos de amistades con los que compartía, pero no los mezclaba. Con un grupo se divertía a costa del otro y viceversa. Podía ser muy incisivo, incluso consigo mismo; sin embargo, cosa curiosa, no soportaba que se burlaran de él, se ponía mal.

Algunos de los apodos o nombretes no los inventó Reinaldo: eran, digamos, más cosmopolitas, más internacionales, y prácticamente todo el que estaba en el mundillo intelectual los conocía. Otros fueron creaciones propias, no pocos muy divertidos o ingeniosos.

Tal vez haría falta que alguien, algún día, confeccionase un catálogo de nombres, una especie de "quién es quién" en el universo de La Tétrica Mofeta. Quizás sea interesante agregar que yo me enteré del nuestro, las hermanas Brontë, por la policía.

EdR. ¿Cómo valorarías la figura de Arenas dentro de la cultura cubana?

JAF. Pienso que Reinaldo Arenas es el escritor cubano más importante de la segunda mitad del siglo pasado. Por su talento, por su originalidad, por la monumentalidad de su obra y por la poesía que hay en ella. También porque lo veo como modelo de escritor insobornable, fiel a sus principios. Rebelde, iconoclasta e inabarcable. El único genio que ha dado la debacle.

Carlos Lechuga entrevista a José Abreu Felippe
(abril 13, 2020)

A inicios del año 2013 comencé la investigación para la escritura del guion de *Santa y Andrés*, mi segundo largometraje de ficción. Por cosas raras del destino, en mi computadora solo tenía dos películas: *Seres extravagantes* (Manuel Zayas, 2004) y *Conducta impropia* (Néstor Almendros y Orlando Jiménez Leal, 1983). Estos documentales me abrieron a un mundo hasta entonces desconocido.

Con el paso de los meses, un grupo de jóvenes escritores y artistas de la generación de Reinaldo Arenas gesticulaban en mi cabeza sin parar. Dispersos por el mundo, no sabía si ya estaban muertos, ni si querían hablar, compartir. Acá en la escuela no se mencionaban sus nombres; en las librerías era imposible encontrar sus obras.

2014 y 2015 fueron años de muchos viajes de trabajo, becas de escritura e investigación. Me di a la tarea de tratar de conocer, acercarme a un grupo de nombres icónicos. Piezas de un rompecabezas, bibliotecas vivientes de experiencias, los rostros de muchos de los escritores del exilio.

Escribía una de las versiones del guion, en Barcelona, cuando tuve la inmensa dicha de que Juan Abreu, sin conocerme, me abriera las puertas de su casa. Me encontré con un hombre de buen corazón, sencillo, amigable... que sin embargo tenía una reputación terrible. La gente me decía: aléjate de eso, es complicado.

Pasamos juntos una hermosa tarde. Almorzamos, vi sus cuadros, cargué con muchos libros de regalo. Con el paso de los años, nos hemos mantenido comunicados. Esas horas con Juan Abreu fueron una experiencia que nadie me va a quitar. Me las llevo a la tumba.

Varios meses después, en Miami, conocí a Luis de la Paz y a José Abreu Felippe. Nos reunimos una mañana soleada para desayunar y poder hablar finalmente, ya que solo tenía sus voces grabadas gracias a Claudia Calviño, mi ex esposa y productora de toda la vida. Con Claudia, ellos me habían mandado libros que eran joyas: *Boarding Home*, *Dile adiós a la Virgen*... Ese día descubrí a dos seres humanos muy especiales, humildes, gente buena en un mundo difícil.

La sensación que tuve, con los tres, fue de bienestar. Se abrieron conmigo, confiaron sin reparos y me regalaron una sabiduría difícil de encontrar en otro lado.

Gracias por siempre.

Luego de varios años, logro convocarlos. Los uno en este documento porque tienen mucha vida en común: el Mariel, Reinaldo Arenas, la familia…

Estos testimonios son muy necesarios, sobre todo para los que seguimos aislados.

Carlos Lechuga. José, *Dile adiós a la Virgen* es uno de mis libros preferidos. Creo que todo cubano debe leerlo. ¿Cuánto tiempo te llevó escribirlo y qué emociones te trajo?

José Abreu Felippe. Es la novela que cierra mi pentalogía *El olvido y la calma*, que, como sabes, narra la vida, nada o casi nada imaginaria, de Octavio González Paula, desde su nacimiento hasta la muerte.

Esa quinta novela cuenta los últimos meses del personaje en Cuba, de agosto a diciembre de 1983. El último capítulo, titulado "Veinte años después", se ocupa de la estancia del personaje en Madrid y más tarde en Miami, hasta su muerte, no queda claro si por accidente o suicidio. Yo me inclino por lo segundo.

Desde Cuba fui recreando la novela en mi mente. Hice un diario donde anotaba lo que iba sucediendo, mes por mes. También fui guardando el semanario Cartelera, que traía las principales actividades culturales. Pude salvar los ejemplares de Cartelera, los mandé por correo a Miami y llegaron, pero el diario no: se lo dejé a un amigo (el Abel de la novela), y al final también se perdió.

La novela la escribí en Miami entre marzo y agosto de 2002, con una mezcla de furia y dolor.

CL. Háblame de aquel tiempo, cuando no logras salir por el Mariel. ¿Qué recuerdos tienes?

JAF. Fueron tres años muy duros, que en esencia están descritos en la novela. Era una no-persona, con una R (un equivalente a la campanilla de los leprosos) en la primera página del carné de identidad, que avisaba a todos los que lo veían que el portador era un enemigo y había que tratarlo como tal.

Cuando iba a buscar trabajo, en el campo o donde fuera, esa R era suficiente para que no me lo dieran. Y sin trabajo, pero obligado a fingir que estaba trabajando para que no me aplicaran la Ley de la Vagancia, me dediqué a ejercitar la picaresca. Y sobreviví.

CL. ¿Cómo se da tu llegada a Madrid?

JAF. De milagro. Mi hermana logró conseguir visa por España para los que quedábamos sobrevivientes de Mariel. Nos íbamos un lunes, y el viernes llegó la Seguridad del Estado a mi casa, estilo Indiana Jones, y me quitaron el pasaporte. Dijeron: "Los demás se pueden ir, pero tú no". Convencí a mi familia para que escapara del infierno, y ahí comenzó mi período de espera.

¿Por qué me quitaron el pasaporte? Nunca lo dijeron. Era obvio que me estaban castigando por algo. En Cuba, el peor castigo es no dejarte salir. Tampoco sé por qué un día me levantaron el veto: me citaron de Inmigración y me devolvieron el pasaporte con la autorización para usarlo.

Con mi pasaporte visado fui a la embajada española y el cónsul me dijo que la visa estaba vencida, pero que "no me preocupara", que hiciera la petición, que "en unos meses" tendría una nueva. Le pedí una tarjeta del consulado, le di las gracias y me marché. Cagándome en su madre, desde luego. No estaba dispuesto a esperar más.

Con la transferencia bancaria en la mano, fui a Iberia y saqué pasaje para "lo más pronto que tuviera". Me lo iba a jugar todo a una sola carta. ¿Qué podía pasar, que no funcionara? Pues entonces no me quedaría más remedio que esperar los jodidos meses por una nueva visa.

El día de la partida llegué al aeropuerto, y en el mostrador de Iberia la empleada chequeó el pasaje y el pasaporte. Me dijo, como esperaba, que la visa estaba vencida. Ahí, con las más espléndida de las sonrisas, saqué la tarjeta del cónsul y le dije que el señor cónsul me había advertido que eso podía ocurrir, porque mi visa era un modelo anterior que no vencía, que cualquier duda lo llamaran a él (yo sabía que a esa hora el consulado ya estaba cerrado). La empleada entró a un departamento a consultarlo y al rato volvió, me procesó y me dio el visto bueno.

Sufrí dentro de la pecera, esperando para montarme en el avión. Ya en él, rogué que se alejara lo suficiente para que no lo pudieran virar. En Barajas me metieron preso, pero eso ya no me importaba. Hice mil cuentos chinos y al final, con la ayuda de un cubano que certificó que lo que yo decía era la Biblia, me dejaron salir. Afuera estaban mi madre y mi hermana esperándome.

Respiré feliz: ya era un hombre libre.

CL. Luego viajas a Miami…

JAF. Viví en Madrid desde finales de 1983 hasta mediados de 1987. Me pareció una ciudad maravillosa donde experimenté, por primera vez, la sensación de la libertad. A mis padres les llegó el turno para emigrar a USA, por una reclamación que le había hecho una hermana de mi padre, y se fueron a reunirse con mis hermanos. Al poco tiempo también se fue mi hermana, y volví a quedarme solo. Entonces me mudé para una buhardilla en la Calle León, muy céntrica, donde viví hasta que se hizo efectiva la reclamación que gestionó mi madre en cuanto llegó a Miami.

En Madrid tuve la alegría de ver publicado mi primer libro de poesía, *Orestes de noche,* que escribí en Cuba en 1978 y que había sacado como pude.

En la actualidad, la única nostalgia que yo siento es por Madrid.

CL. ¿Cuándo te reencuentras con tus hermanos?

JAF. Mi hermano Nicolás me visitó en Madrid, y a Juan lo volví a ver en Miami, al igual que a mis padres y a mi hermana Asela, en 1987.

CL. ¿Y con Luis de la Paz?

JAF. Luis también me visitó en Madrid y pasamos varios días juntos: le mostré la gran ciudad, El Prado (recuerdo que lloramos juntos ante El jardín de las delicias de El Bosco). También fuimos a Toledo, El Escorial, y algunos otros sitios cercanos. Fueron unos días maravillosos.

Luis era un asiduo de las tertulias del Parque Lenin, con Reinaldo y mis hermanos. Allí leyó sus cosas y publicó en la revista que hicimos, *Ah, la marea.*

CL. Además de *Orestes de noche* tienes otros poemarios, como *Cantos y Elegías* y *El tiempo afuera,* que fue premio Gastón Baquero en el año 2000.

JAF. *Cantos y Elegías* fue el segundo libro de poesía que publiqué en España, aunque lo escribí en 1976, antes que *Orestes de noche*. El premio a *El tiempo afuera* (con un jurado internacional muy prestigioso, entre los que figuraba Luis Antonio de Villena) me sorprendió, pero me llenó de alegría.

Después se publicaron otros: *De vuelta, El tiempo a la mitad* y *El tiempo sometido*, una recopilación. En estos momentos está por aparecer *Morir por tramos*.

CL. ¿Te sientes mejor en la poesía que en la prosa? ¿Qué sabor te dejan todos esos libros?

JAF. Yo pienso que la poesía es lo más difícil, porque no depende de tu voluntad. Ella viene o no viene, y tú lo único que puedes hacer es tratar de aproximarte, y tocarla, si te deja. No creo en la poesía construida; puede que exista, pero no me interesa. Estamos saturados de poetas que construyen poemas. Por eso me siento feliz cuando balbuceo algo que podría encaminarse por ahí.

La prosa es otra cosa, te permite más libertad creadora. Al igual que el teatro. Me siento bien incursionando en todas las sendas. Menos en el ensayo, porque no tengo cabeza para eso.

Me alegro cuando nace algún nuevo libro, aunque después de publicado no lo vuelvo a leer (para no defraudarme ni sufrir con las erratas y con lo que podía haber hecho y no hice).

CL. ¿Carlos Victoria? ¿Roberto Valero? ¿Eddy Campa?

JAF. Qué árbol de preguntas. Me imagino que para responderlas con amplitud tendría que escribir una novela, lo cual, desde luego, sería intolerable.

Con Carlos tuve una bonita amistad; a cada rato venía a mi casa a leer sus cosas o nos veíamos para ir a comer. Además, era mi colega en el periódico: los dos trabajábamos en El Nuevo Herald.

Carlos fue un hombre con una personalidad muy compleja, con traumas religiosos que nunca superó. Maniático empedernido, cualquier problema, por pequeño que fuera, lo atormentaba. Pero era un gran ser humano y un excelente escritor; sus cuentos y su novela *La travesía secreta* llegaron para quedarse. Fue un privilegio haber sido su amigo.

Con Valero tuve poco trato. Yo llegué a Miami en 1987, él vivía en Washington, y murió en 1994. Lo vi en pocas ocasiones, pero siempre fue muy amable conmigo. Lo admiraba como poeta y lo incluí en la pequeña antología *Poesía exiliada y pateada*, junto a Reinaldo, Jorge Oliva, René Ariza, Esteban Luis Cárdenas y David Lago.

A todos los traté, todos son grandes poetas. Esteban Luis Cárdenas y Eddy Campa, para mí, son los dos grandes poetas de Miami.

CL. ¿Tus hermanos?

JAF. Los admiro mucho. Juan es un gran escritor y un magnífico pintor, he aprendido mucho de él. Nicolás es como alma de la familia. Desde niño tenía dos obsesiones: el cine y las estrellas. En lo primero, lo único que consiguió fue ser proyeccionista y oír cómo le gritaban "¡Cojo suelta botella!"; en lo segundo se convirtió en un experto.

Nicolás conocía todas las constelaciones, a las que llamaba "tarecos". Escribió un libro titulado precisamente así, *Los tarecos*, dividido en cuatro partes, una por cada estación: "Tarecos de invierno", "Tarecos de verano", etc. Tiene una imaginación y un talento fuera de serie. La vida lo ha golpeado demasiado, pero ahí está, imbatible, creando. Todos le debemos, incluido Reinaldo, que lo admiraba mucho.

Hay huellas de Nicolás en algunos libros de Reinaldo: desde *El asalto*, donde utiliza "los tarecos" (véase además el Capítulo XXII, "Capítulo el capítulo", firmado por N. de Tolentino, que era el seudónimo de Nicolás), hasta *El color del verano* (ahí está íntegra la historia de *La Perlana*). Nicolás y él fueron grandes amigos.

Mi hermano fue el único testigo de la defensa en el juicio que le montaron a Reinaldo (lo que le costó que la Seguridad del Estado le hiciera la vida imposible; recomiendo leer su texto *Mi amigo Reinaldo Arenas*). Y la buhardilla donde dormía

Rey cuando vivía en el Hotel Monserrat se la construyó él, muy mona, con su falso techo y todo.

CL. De aquel desayuno en Miami, José, me encanta recordar la conversación que tuvimos sobre los pies con olor a queso…

JAF. *Yo no soy vegetariano* es un librito que me divertí mucho escribiéndolo. Y a gente como Carlos Victoria y Luis de la Paz, que escribieron sobre él, les encantaba.

La verdad es que yo no sé si soy un autor sensual o erótico. Creo que eso lo sabrán mejor los lectores. Lo más que puedo decir es que ningún tema me es ajeno.

CL. Tus otras novelas de la pentalogía, *Siempre la lluvia, Sabanalamar, Barrio Azul* y *El instante,* son poco conocidas en la Isla. Un amigo trató de entrar un ejemplar de una de ellas y le fue retirado.

JAF. Titulé la pentalogía *El olvido y la calma* porque pienso que esas eran las metas del personaje (y las mías): alcanzar el olvido y la calma que nunca tuvo.

Barrio Azul se ocupa de la infancia del personaje; comienza a finales de la década de 1940 y termina en 1958. *Sabanalamar* transcurre durante la Campaña de Alfabetización, en 1961. Es el choque de dos mundos: el asfalto contra la tierra colorada. Octavio tiene entonces 14 años y por primera vez está lejos de su casa, en un lugar donde no hay electricidad ni nada a lo que está acostumbrado. Allí descubre el sexo y también ve la cara de la muerte.

Siempre la lluvia, dividida en tres jornadas, como las películas rusas de la época, documenta los tres años del Servicio Militar Obligatorio de Octavio, entre 1965 y 1968. Cada jornada está pautada por una muerte. *El instante* abarca un período de nueve años, entre 1971 y 1980. Es una historia de amor, de un primer amor, que no tiene un final feliz. Termina con los sucesos de la embajada de Perú y el éxodo del Mariel. De la última, *Dile adiós a la Virgen*, ya he hablado antes.

Yo no existo. No me extraña nada lo del libro incautado a tu amigo. Ya ha pasado muchas veces. No sé qué verán en mi persona y en mis libros, pero debe ser algo muy, pero que muy malo, cuando me sacaron hasta del Diccionario de Literatura Cubana. Por cierto, el único diccionario que conozco que, en vez de agregar nuevas entradas, las elimina.

CL. Y para un joven cubano con curiosidad hacia ti, ¿cómo te presentarías?

JAF. No le diría nada. Precisamente la curiosidad debe ser una de las principales virtudes de un joven, más si es un escritor o alguien con inquietudes literarias. Esa curiosidad lo debe ayudar a buscar, indagar, descubrir por sí mismo lo que podría ser el legado de los que lo precedieron. O, simplemente, disfrutar de un buen libro.

CL. En tu cuento "Como sombras azules" todo es tan claustrofóbico... ¿Te consideras un hombre libre?

JAF. Es un cuento muy claustrofóbico, es cierto. Pertenece al libro *El camino de ayer*, que publiqué el año pasado. Es un cuento de atmósfera y también una elegía por la forma en que veíamos y disfrutábamos los libros. Es un mundo que está desapareciendo. Y sí, me considero un hombre libre, libérrimo.

CL. ¿Qué le recriminas al país? ¿A los que se quedaron acá, de tus conocidos?

JAF. Si te refieres a mi país, allí no hay gobierno, hay una longeva y empecinada dictadura. No le recrimino nada a los que se quedaron, cada cual hace con su vida lo que puede. Y amigos en Cuba me quedan muy pocos. El año pasado se me murieron tres de los más entrañables, amigos de infancia. Consecuencia directa de vivir demasiado.

CL. ¿Y amigos en Miami? ¿Te sientes solo?

JAF. No, no me siento solo. Mis padres murieron y están enterrados aquí, pero tengo una hermana que adoro, muy cerca de mí. Y pocos, pero buenos amigos.

CL. ¿Qué piensas cuando paseas en el carro por las calles?

JAF. Que qué pena no haber llegado a Miami antes, más joven. Es como pasear por una Habana fuera de La Habana. Me siento feliz de vivir, aquí donde está ahora mismo casi todo lo que amo.

CL. ¿Miami es una ciudad difícil para un artista?

JAF. Para el artista que ama lo que hace, cualquier ciudad es difícil.

CL. ¿Te consideras un sobreviviente?

JAF. No sé de qué.

CL. Recomiéndame un libro, un autor y una película.

JAF. *Otra vez el mar*, de Reinaldo Arenas; Rilke; *Amarcord*, de Fellini.

CL. ¿Estás pendiente de las noticias de la Isla?

JAF. En Miami es casi imposible no estar pendiente de las noticias de la Isla.

CL. ¿Cómo ves el futuro?

JAF. No me gusta pensar en el futuro, he comprobado que no da buenos resultados. Vivo el presente, un día detrás del otro. A veces me he puesto a pensar (aún pienso, a veces) en una Cuba donde no hubiera ocurrido la debacle, y en lo que seríamos hoy. Un mundo bien diferente, muy probablemente con todos y para el bien de todos.

ÍNDICE

La memoria del tiempo en contexto / 7

ARTÍCULOS
All you need is love / 13
El Azote de Príncipes / 24
Henry Darger / 31
Chéjov, centenario / 36
José Ángel Valente / 41
Ibsen, centenario / 44
El Español nos une / 51
"Internet" entra al diccionario de la RAE / 56
Carlos Victoria / 59
¿Quién va a comenzar el canto? / 62
Dolor. Pasión. Compasión. Sensibilidad / 68
Si los libros son fuertes, vivirán. Si son
débiles, desaparecerán / 72
Mi generación / 76
El centenario de Witold Gombrowicz en la Red / 80
Zócalo de México / 85
Antonio Abreu, mi padre / 90
¿Obama qué? / 94
Retrato del artista sumiso / 97
¿Apuesta fuerte? / 101
1984, corregido y aumentado / 105
Yo me quedo / 108
Pandemia totalitaria / 111

Del condón a la mascarilla / 115
30 Aniversario. Los herederos de Reinaldo Arenas / 119

CONFERENCIAS Y PRESENTACIONES
El olvido y la calma, una aproximación / 123
Presentación de *Cuentos mortales* y *Dile adiós a la Virgen* / 131
Sabanalamar en la memoria / 136
Yo recuerdo... (a propósito de *Siempre la lluvia*) / 140
Tiempo sesgado / 147
Una literatura que vence el tiempo / 152
Palabras en la tarde / 158
Presentación de *Alguien canta en la resaca* / 164
Es triste ser gato... presentación / 168
El guardián en la batalla, presentación / 173
La Tétrica Mofeta y Sakuntala la Mala, dos personajes terribles / 178

ENTREVISTAS
Armando de Armas / 185
Denis Fortún / 192
Ernesto García / 202
Luis de la Paz / 206
Jesús Hernández / 231
Nedda G. de Anhalt / 235
Lilliam Moro / 244
Enrique del Risco / 251
Carlos Lechuga / 275

TÍTULOS PUBLICADOS

Poesía
- *Morir por tramos*, José Abreu Felippe
- *Imperfecciones del horizonte*, Luis de la Paz
- *Disparos al aire y otros poemas*, Felipe Cabrera Castellanos
- *Por la orilla filosa de la ausencia*, Amelia del Castillo
- *Como mi hermano el salmón*, Luis Marcelino Gómez

Narrativa
- *Al pie de las montaña*, Luis de la Paz
- *Morir de Isla y vivir de Exilios*, Héctor Santiago
- *Luces en el cielo*, Armando de Armas

Teatro
- *Amar así*, José Abreu Felippe
- *El loco juego de las locas* y *El último vuelo de La Paloma*, Héctor Santiago
- *Teatro reunido*, José Abreu Felippe